投資行動の理論

阿部 文雄 著

大学教育出版

はじめに

　本書は，企業による投資行動の理論に関して，筆者がこれまでに発表してきた論文をもとに，大幅な加筆，修正を加えてまとめたものである．とくに，一部に存在していた誤りや不適切な定式化なども修正・改善したが，今回新たな問題意識のもとに，全面的に書き直した部分もある．

　企業の投資行動に関する理論は，I. FisherやJ.M. Keynes等の先駆的研究に多くを負っているが，本書では，異時点間の最適化手法を本格的に適用した投資モデルであるD.W. Jorgensonの新古典派投資理論とそれ以降登場した投資モデルに焦点を当てている．現代的投資理論の出発点となったジョルゲンソン・モデルであるが，肝心のフローとしての投資率が決定できないという問題点を抱えていた．1960年代の投資理論の研究は，まさにこの点をいかに克服するかが中心的なテーマとなった．そして，少なくとも2つの方向が模索された．

　1つは，投資に伴う調整費用を導入することによって有限の投資率を導くという方向であり，多くの調整費用型投資モデルが展開され大きく前進した．あわせて，企業税制や減価償却制度もモデルに組み込まれ，法人税や投資減税，減価償却制度といった企業税制が投資に及ぼす影響が研究された．ジョルゲンソン・モデルと調整費用型投資モデルを現代投資理論のいわば基礎部分と位置づけ，本書の第1の研究テーマとしている．

　もう1つの発展方向は，資金制約によって有限の投資率を導出するという研究である．この方向では，投資のための資金調達を組み込んだモデルが展開された．企業のバランスシートや予算制約から出発し，投資政策と財務政策が同時に決定されるモデルへと発展した．ただ，この種のモデルは，さまざまな定式化が試みられ，分析手法が多岐にわたっているという点は別にしても，モデルの間の相異や同一性が必ずしも明らかにされているとはいえないという印象がある．なかでも，調整費用型投資モデルの延長線上にあり，net cash flowの割引現在価値である企業価値最大化モデ

ルと配当の割引現在価値である株価最大化モデルの関係である．両者はともに株式と債券の間の裁定条件から目的関数を導出するが，それが同一の最適経路をもたらすものかどうか，あるいはその条件について十分に解明されていないのではないかというのが筆者の問題意識である．これが，本書の2つ目の研究テーマである．

　3番目のテーマは，投資理論の発展という面ではやや異質なトピックであるが，報酬率規制下の投資行動についてである．静学モデルであるアバーチ・ジョンソンモデルで成立するA-J命題 (overcapitalization) が，調整費用型投資モデルという動学モデルの枠組みでも成立するかどうかという問題である．El-Hodiri and Takayama (1981) やDechert (1984) など，調整費用型投資モデルを応用した形でいくつかの動学モデルが研究されたが，必ずしもA-J命題が成立するとは限らないという結果が出ている．本書では，規制制約式に投資を含めて定式化し，A-J命題は長期資本ストックで見るよりフローの投資が過剰となるかどうかで見る方が望ましいという視点で議論を整理している．このような視点で動学モデルを定式化すれば，フローの投資でみたA-J命題が全面的に成立することを示している．

　さて，本書の構成と概要を述べておく．第1章では，新古典派投資理論の発展に大きな役割を果たしたジョルゲンソン・モデルを検討している．とくにジョルゲンソン・モデルに関して，3つの問題を取り上げている．第1は，有限の投資率が存在しないという問題である．この問題に対して，ジョルゲンソンを含めた多くの論者は，変分法におけるオイラー方程式を適用するが，そこで求められるのは最適資本ストック水準であって有限の投資率ではないから，ジョルゲンソン・モデルには最適資本ストックは存在するが，最適投資率は存在しないというのが有力な見方になっている．しかし，状態変数である資本ストックの非連続性，すなわち，jumpを許す方向への展開も，ジョルゲンソン・モデルにとって自然な拡張であり，有力な解釈である．その場合，初期時点における瞬間的な資本ストックの調整，すなわち，資本財の一括購入あるいは売却がジョルゲンソン・モデルの特徴となる．なお，この状態変数の不連続性に起因する問題は，連続型

の動学モデルでしばしば見られ，実際，第3章および第5章で登場する負債という状態変数に関しても，同様の状況を発生させる．

　第2の問題は，資本のuser cost概念についてである．この概念は，ジョルゲンソン・モデルにおいて重要な役割を果たしているものの，調整費用型投資モデルやケインズの投資理論では使用されておらず，また，資本ストックのshadow price概念と資本のuser cost概念が同一の文脈で使用されることもない．この問題に対して，最適解を導出する方法ないし最適性基準の差異が関わっているという事情を明らかにし，資本のuser cost概念にジョルゲンソンとは異なる解釈を与え，shadow price概念との関係を明らかにしている．

　ジョルゲンソン・モデルをめぐる第3の問題は，myopic decision ruleに関するものである．ジョルゲンソン・モデルは，各期の投資決定が将来の技術や市場条件から独立になされるという特徴を有している．そこでここでは，なぜジョルゲンソン・モデルがmyopic ruleという特徴を持っているのかという問題を取り上げ，検討している．

　第2章では，企業税制と投資行動の関係について，調整費用型投資モデルに企業税制を組み込んだAbel (1982) の議論を中心に検討している．Abel (1982) は，投資モデルに法人税，投資税額控除 (投資減税) および減価償却制度を導入し，法人税率の引き下げおよび投資減税率の引き上げが企業の投資行動に促進的な効果をもたらすか否かといった問題を分析している．ここでは，Abelの議論を詳細に検討するとともに，いくつか議論の整理を行っている．第1に，法人税についてOniki (1973) による比較動学の方法を用いてAbel (1982) と同じ結果が導出されることを明らかにし，第2に，Abel (1982) の示した条件と板垣 (1984) のそれとを比較し両者の関係を明らかにしている．第3に，投資減税率の引き上げは，Abel条件とは独立に，必ず投資に対して促進的に作用することを示している．そして第4に，法人税率と投資減税率の恒久的変更と一時的変更の効果に関するAbelの議論を詳細に検討し，物理的減耗に比例的な減価償却控除が認められている場合には，Abel (1982) では必ずしも一時的変化の効果が恒久

的なケースを上回る可能性が示されていないが，我々の分析では投資の異時点間シフトを生じさせ，一時的な法人税率引き下げの投資促進効果が恒久的な引き下げの場合より大となる可能性があるという結果を示している．

　第3章では，投資経路と資金調達が最適解として同時に決定される投資モデルを検討する．Brock and Turnovsky (1981) による資本コスト概念の定式化とOsterberg (1989) による「負債のagency cost」概念の定式化を基礎に，企業税制を組み込み新規株式発行による資金調達を含んだ企業価値最大化モデルを再定式化し，投資行動と資金調達の関係を分析している．結果として，投資はTobinの限界的qに依存するが，このqが割引率である資本コストに依存し，さらにこの資本コストが財務的変数である負債－自己資本比率に依存するという関係である．その意味で，この企業価値最大化モデルは，調整費用型投資モデルの資金調達を含めた場合の自然な拡張になっていることを示している．

　第4章では，第3章の企業価値最大化モデルを使って，さまざまなパラメータの変化が企業価値や投資に及ぼす影響を比較動学の手法を適用して分析している．とくに，法人税率の引き下げが投資に及ぼす効果について，それが促進的に作用するか否かの基準となる中立性条件を明らかにしている．

　第5章では，株価最大化モデルを検討している．企業の投資行動を資金調達方法まで含めて定式化する場合，企業価値最大化，株価最大化，配当の割引現在価値総額最大化など，目的関数の異なるモデルが展開されている．いずれのモデルも，異時点間の動学的最適化問題として定式化されるが，それらモデルの間に基本的には差異はないと考えられることも多い．本章で考察する株価最大化モデルでは，株式と債券の間の裁定条件を仮定し，目的関数である初期時点の株価総額が，企業の予算制約式を利用して，配当の割引現在価値総額として内生的に導出される．そこでは，初期時点の株価水準が無限の将来にわたって得られる配当の割引現在価値の総和として表される．

　株価最大化モデルは，しばしば企業価値最大化モデルと同値であり，同一の最適解をもつと主張されるが，我々は，2つのモデルは同一とはいえ

ないのではないかという問題意識のもとで検討を行っている．すなわち，企業価値最大化モデルとの比較を念頭に置きつつ，株価最大化モデルを取り上げ，配当の非負制約等を考慮に入れた問題を定式化し，具体的に解くことによって，最適投資，資金調達政策を導出，その特徴を分析している．2つのモデルは，目的関数および割引率が内生的に導出される点や裁定条件を前提としている点で共通しているが，適用される割引率をはじめ，導出される最適財務・投資政策には，税制が存在しない特殊なケースを除いて相違が見られることを明らかにする．

第6章では，公益事業などに見られる，政府による報酬率規制下の企業の投資行動を検討している．調整費用型投資理論の枠組みの中で，報酬率規制が企業の最適投資・雇用政策にどのような影響を及ぼすかという問題を分析している．El-Hodiri and Takayama (1981) タイプのモデルの特徴を整理し，必ずしもA-J効果が生じないという結果を示している．分析結果として，まず第1に，規制制約が有効な場合の調整方法について，3つの調整方法が存在すること，すなわち，El-Hodiri and Takayama (1981) では雇用が，Dechert (1984) では産出量が主たる調整役を果たしているが，我々のモデルでは，投資が主たる調整役を果たすことを明らかにしている．第2に，投資決定に関して，El-Hodiri and Takayama (1981)では，計画期間中に規制制約が有効な区間があると，規制制約が非有効な区間の投資も影響を受けるが，我々のモデルでは，規制制約が有効な区間においてのみ過剰投資が生じることを明らかにした．第3に，長期均衡資本ストックに関するA-J効果については，公正報酬率sが，規制が存在しないケースの長期均衡で評価された資本の限界収入生産物より大きい場合，A-J効果が生じ，逆の場合には，A-J効果の逆，undercapitalizationが生じることを示している．そして第5に，フローとしての投資に関するA-J効果については，公正報酬率sの水準にかかわらず，規制が有効な期間の投資を過剰にするということを明らかにしている．

本書およびそのもとになった論文の作成過程で，多くの方々にお世話になった．本書は，筆者にとって最初の研究書であり，このような形でまと

めることができたのは，山口大学時代の恩師安部一成名誉教授と神戸大学大学院時代の恩師新野幸次郎名誉教授から受けたご指導によるところが大きい．両先生には，在学中から今日に至るまで公私にわたり絶えず激励をいただいた．片山誠一教授からはこれまでにも共同研究を通じて多くのことを学ばせて頂いたが，本書も草稿の段階から全体にわたって多くの助言，コメントを頂き，少なからず改善することができた．また海外での学会発表などに同伴させていただき貴重な体験をすることができた．足立英之教授には，1988年度に内地研修の機会を与えていただき，多くの貴重な助言や示唆をいただいた．板垣有記輔教授，藤本喬雄教授，下村耕嗣教授，Ranade R.R.教授，中村保助教授からは，直接あるいは手紙等を通じてさまざまな助言や助力，コメントをいただいた．Robert Becker教授からは，Indiana大学で1996年夏から約1年間客員研究員として留学の機会を与えられ，さまざまな御配慮をいただいた．Bloomingtonで過ごした日々は貴重な研究機会となった．El-Hodiri教授とRichard F. Hartle教授には，Wienでの学会のおり，貴重なコメントをいただいた．さらに，神戸大学新野ゼミおよび足立ゼミOB研究会で，出席者の方々から多くの貴重なコメントをいただいた．香川大学経済学部の先輩，同僚の方々からも多くの御教示を受けた．とくに篠崎敏雄教授，宮田亘朗名誉教授，横井義則名誉教授，吉尾匡三教授，大藪和雄教授，井原健雄教授，宍戸栄徳教授，井上貴照教授，藤井宏史教授，塩村尊教授からは，論文等への助言ばかりでなく，筆者が香川大学経済学部で研究生活を送る上でさまざまな形で御配慮をいただいた．香川大学経済学研究会では，出席者の方々から，多くの貴重なコメントをいただいた．また香川大学経済学部助手の佐藤幹子さんには，原稿作成過程で大変お世話になった．記して感謝を申し上げたい．

2003年3月

阿部文雄

投資行動の理論

目　次

はじめに ……………………………………………………………… *i*

第1章　ジョルゲンソンの投資理論 ………………………………… *1*
 第1節　はじめに ……………………………………………… *1*
 第2節　モデルと最適投資政策 ……………………………… *2*
 第3節　最適投資と最適資本ストック ……………………… *6*
 第4節　資本のユーザーコスト ……………………………… *9*
 第5節　最適投資政策とMyopic Rule ……………………… *11*
 第6節　結語 …………………………………………………… *15*
 Appendix：2つの投資決定基準の同値性 ………………… *16*

第2章　調整費用型投資モデル ……………………………………… *20*
 第1節　はじめに ……………………………………………… *20*
 第2節　調整費用型投資モデル－エイベル・モデル－ …… *22*
 第3節　企業税制と投資 ……………………………………… *31*
 第4節　投資減税率の一時的変更の効果 …………………… *36*
 第5節　法人税率の一時的変更の効果 ……………………… *41*
 第6節　結語 …………………………………………………… *48*
 Appendix：(2.83)の導出について ………………………… *49*

第3章　企業価値最大化モデル ……………………………………… *52*
 第1節　はじめに ……………………………………………… *52*
 第2節　裁定条件と目的関数の導出 ………………………… *54*
 第3節　最適資本コストと最適配当政策 …………………… *58*
 第4節　最適資本構成 ………………………………………… *60*
 第5節　最適経路と新規株式発行 …………………………… *64*
 第6節　結語 …………………………………………………… *71*

第4章　企業税制と投資の比較動学分析 …………………… *74*
第1節　はじめに ……………………………………………… *74*
第2節　企業価値および投資とパラメータの変化 ………… *75*
第3節　最適資本コストにのみ影響を及ぼすパラメータの投資への効果 ……………………………………………… *79*
第4節　法人税と投資 ………………………………………… *83*
第5節　net cash flowにのみ影響を及ぼすパラメータの効果 … *85*
第6節　結語 …………………………………………………… *90*

第5章　株価最大化モデル …………………………………… *91*
第1節　はじめに ……………………………………………… *91*
第2節　裁定条件と株価最大化問題 ………………………… *93*
第3節　最適解の導出と特質 ………………………………… *98*
第4節　最適投資・資金調達政策 …………………………… *104*
第5節　企業価値最大化と株価最大化 ……………………… *114*
第6節　結語 …………………………………………………… *117*

第6章　規制と投資－アバーチ・ジョンソンモデルの動学化－ ……… *122*
第1節　はじめに ……………………………………………… *122*
第2節　公正報酬率規制とA-J効果 ………………………… *124*
第3節　投資で調節される規制モデル ……………………… *128*
第4節　可能な最適経路のパターンとA-J効果 …………… *136*
第5節　結語 …………………………………………………… *141*
Appendix：静学的アバーチ・ジョンソンモデル ………… *142*

参考文献 ………………………………………………………… *147*
欧文文献 ……………………………………………………… *147*
邦文文献 ……………………………………………………… *153*
索　引 …………………………………………………………… *156*

第1章　ジョルゲンソンの投資理論[*]

第1節　はじめに

　Jorgenson (1963, 1967) の投資モデルは，新古典派投資理論とも呼ばれ，以後の投資理論の発展に大きな影響を与えた．本章では，ジョルゲンソン・モデルの最適解の特徴，価格予想の役割およびモデルにおいて中心的な役割を果たしている「資本のuser cost」概念に関して，以下3つの問題を取り上げ検討を行う．

　第1は，モデルが連続型で定式化された場合，状態変数である資本ストックが時間に関して連続という仮定の下では，最適資本ストック水準は求められても，有限の投資率は存在しないという問題である．この問題は，最適制御理論を適用するとき，ハミルトン関数が制御変数である投資率に関して線形であるにもかかわらず，投資率に上限も下限も課されないために，投資率が発散してしまうことから生じている．そこで，ジョルゲンソン自身を含めた多くの論者は，変分法におけるオイラー方程式を適用する．しかし，そこで求められるのは最適資本ストック水準であって，有限の投資率ではないから，ジョルゲンソン・モデルには最適資本ストックは存在するが，最適投資率は存在しないというのが有力な見方になっている[1]．

　しかし，たとえば，Arrow (1964, 1968) が展開しているように，状態変数である資本ストックの非連続性，すなわち，jumpを許す方向への展開も，ジョルゲンソン・モデルにとって自然な拡張であり，有力な解釈である[2]．その場合，初期時点における瞬間的な資本ストックの調整，すなわち，資本財の一括購入あるいは売却がジョルゲンソン・モデルの特徴となる．

第2の問題は，資本のuser cost概念の解釈である[3]．この概念は，ジョルゲンソン・モデルにおいて重要な役割を果たしているものの，調整費用型投資モデルや他の投資理論，たとえば，ケインズの投資理論では使用されておらず，また，調整費用モデル等で中心的な役割を果たす資本ストックのshadow price概念と，この資本のuser cost概念が同一の文脈で使用されることもない．本章では，こういった問題に対して，最適解を導出する方法ないし最適性基準の差異が関わっているという事情を明らかにし，資本のuser cost概念に，ジョルゲンソンとは異なる解釈を与え，shadow price概念との関係を明らかにする．

　ジョルゲンソン・モデルをめぐる第3の問題は，このモデルの重要な特徴と考えられているmyopic decision rule（以下，myopic ruleと略称する）に関するものである．ジョルゲンソン・モデルでは，各期の投資決定が将来の技術や市場条件から独立になされるという特徴を有している．そこでここでは，なぜジョルゲンソン・モデルがmyopic ruleという特徴を持っているのかという問題を取り上げ，あわせて，価格予想の役割について検討する．

　本章の構成は次の通りである．第2節において，連続型で定式化されたジョルゲンソン・モデルの最適解の特徴を検討し，資本ストックのjumpが許された場合の最適解を導出する．第3節では，離散型モデルを使って，2つの代替的な投資決定基準を明らかにする．第4節では，ジョルゲンソン・モデルにおいて中心的な役割を果たす資本のuser cost概念に，従来とは異なる解釈を与える．第5節では，ジョルゲンソン・モデルの特徴であるmyopic ruleについて検討する．最後に，結語で結論を述べる．

第2節　モデルと最適投資政策

　まず，連続型ジョルゲンソン・モデルが次のように示される．

$$\text{Max} \quad \int_0^\infty \left[pf(K,L) - wL - qI \right] e^{-rt} dt \tag{1.1}$$

subject to

$$\dot{K} = I - \delta K \tag{1.2}$$

$$K(0) = K_0 \tag{1.3}$$

ここで，記号の意味は以下の通りである．

K；資本ストック　　　　　　　w；貨幣賃金率
L；雇用量　　　　　　　　　　q；資本財価格
I；粗投資　　　　　　　　　　r；利子率
p；生産物価格　　　　　　　　δ；資本減耗率

生産関数 $f(K,L)$ は，通常の新古典派的生産関数が仮定されるが，さらに，厳密な凹性 (strictly concavity) が仮定される．なお，諸価格 p, w および q は時間に関して連続関数である．

この問題に対する最適解を求めようとするとき陥る問題を述べておこう．まず，ハミルトニアンが次のように定義される．

$$H = pf(K,L) - wL - qI + \lambda(I - \delta K) \tag{1.4}$$

このハミルトニアン H は，制御変数 I に関して線形であり，I には上限も下限も課されないので，最適投資政策 ($Max\ H$) は次のように示される．

(1) if $\dfrac{\partial H}{\partial I} = -q + \lambda > 0$　　　→　$I = +\infty$

(2) if $\dfrac{\partial H}{\partial I} = -q + \lambda = 0$　　　→　$I =$ free

(3) if $\dfrac{\partial H}{\partial I} = -q + \lambda < 0$　　　→　$I = -\infty$

さて，初期時点を考える．上の3つの状況は以下のように解釈される．市場で成立する資本財価格 q_0 は企業にとって与件である．他方，λ_0 は初期

資本ストックのshadow priceであり，K_0の水準に依存する．周知のように，生産関数が厳密に凹であるという仮定の下では，shadow priceは資本ストックの減少関数である．したがって，K_0が十分小さい場合には，上の(1)の状況が生じ，逆に，K_0が十分大きい場合には，(3)の状況が生じる．つまり，初期時点における最適投資率は，資本財価格と初期資本ストック水準の値次第で有限値とはならない状況が生じる．これがハーベルモの問題とも呼ばれる投資関数の非存在に関する問題である．

しかし，資本ストックの非連続性，すなわち，jumpが許される場合には，無限大の投資率は不都合ではなく，企業の最適投資政策は有限の資本財を購入もしくは売却することに他ならない．そこで以下，資本ストックのjumpが許された場合の最適解を検討する[4]．ただしここでは，初期資本ストックK_0が十分小さいケースを想定し，上方へのjumpが生じる場合を検討する．そこで，資本ストックのjumpが許された場合の問題が次のように再定式化される．

$$Max \int_0^\infty \left[pf(K,L)-wL-qI\right]e^{-rt}dt - q_{t_1}(K_{t_1}^+ - K_{t_1}^-)e^{-rt_1} \quad (1.5)$$

subject to

$$\dot{K} = I - \delta K \quad (1.6)$$

$$K(0) = K_0 \quad (1.3)$$

(1.5)の非積分項は，jumpに伴う費用を表しており，資本財の購入費用がjumpに伴う費用である．また，$K_{t_1}^-$はjump前の資本ストック，$K_{t_1}^+$はjump後の資本ストック水準を示している．t_1はjump時刻である．

この問題に対する最適性の必要条件は，たとえば，Arrow and Kurz (1970) の命題11と12を適用することによって次のように示される．すなわち，(1.4)で定義されるハミルトニアンに対して，以下の条件を満たす連続関数λが存在しなければならない．

$$\dot{\lambda} = r\lambda - \frac{\partial H}{\partial K} \quad (1.7)$$

$$\max_{I,L} H \tag{1.8}$$

$$-q_0 + \lambda_0 \leq 0 \tag{1.9}$$

$$-q_0 + \lambda_0 = 0 \quad \text{if} \quad K_{t_1}^+ > K_0 (= K_{t_1}) \tag{1.10}$$

なお，次のような横断条件が仮定される．

$$\lim_{t \to \infty} e^{-rt} \lambda(t) K(t) = 0 \tag{1.11}$$

またこの場合，$max\ H$ が K に関して厳密に凹であることから，jumpは初期時点においてのみ生じる．

　ここで，最適投資水準の決定を考える前に，雇用量の決定について簡単に述べておこう．企業にとって最適な雇用量決定の基準は，$\partial H / \partial L = 0$ から，

$$p\,f_L(K, L) = w \tag{1.12}$$

と表される．(1.12)は労働の効率性条件であり，各時点の雇用量はその時点の資本ストック水準および実質賃金率に対して，即時的にかつmyopicに調整される．資本蓄積過程における K と L の組み合わせは，$p\,f_L = w$-locus上を移動しなければならない[5]．

　次に，最適投資政策について検討してみよう．Vind (1967) やArrow and Kurz (1970) によって開発，展開された最適性の必要条件は，通常の時間とは別の人工的な時間を導入する．そして，jump時刻になると通常の時間をストップし，人工的な時間だけを動かしながらjumpを実行させるというアイディアに基づいている．すでに述べたように，ジョルゲンソン・モデルにおいて，もしjumpが存在するとすれば，それは初期時点においてであるから，注意を初期時点に向ける．

　もし，初期資本ストック水準 K_0 が十分に低いならば，$q_0 < \lambda_0$ という状況に直面する．しかし，必要条件(1.9)によって通常の時間軸上では $q_0 \geq \lambda_0$ でなければならないが，これは資本ストックの上方へのjumpによって可能

である．すなわち，初期時点において瞬時に$q_0=\lambda_0$が達成されるまで資本ストックの上方jump，すなわち，資本財を購入することが最適となる[6]．以上のことから，資本ストックのjumpが許される場合には，ジョルゲンソン・モデルの最適解の特徴は，初期時点における資本ストックのjumpにある．資本ストック水準の最適水準への瞬間的調整である．

ところで，ジョルゲンソン・モデルにおいて，初期時点における最適なjumpの規模を求めることと，変分法におけるオイラー方程式によって初期時点の最適資本ストック水準K_0^*を求めることとは表裏一体の関係にある．オイラー方程式を利用する方法では，$K_0^*-K_0$によって初期時点における資本ストックのjumpの規模がいわば従属的に決定される．資本ストックの非連続性を許すならば，最適資本ストック水準の存在は，同時に最適投資水準の存在をも意味することになる[7]．

第3節　最適投資と最適資本ストック

前節で述べた最適投資水準と最適資本ストック水準の決定の関係をより明確にするために，ジョルゲンソン・モデルを離散型で再定式化し解剖学的な分析を試みる．まず，離散型ジョルゲンソン・モデルが次のように定式化される．

$$\text{Max} \quad V=\sum_{s=0}^{\infty} \alpha^{-s}[p_s f(K_s, L_s)-w_s L_s-I_s q_s] \quad (1.13)$$

subject to

$$K_t=(1-\delta)K_{t-1}+I_{t-1} \quad (\delta：\text{positive constant}) \quad (1.14)$$

$$K(0)=K_0 \quad (1.15)$$

$$\alpha=1+r \quad (r：\text{positive constant})$$

ここで記号の意味は，離散型で定義される点を除けば前節と同じである．なお，資本蓄積方程式(1.14)では，資本財の購入とそれが生産に使用されるまでに1期のタイムラグが仮定されている．

このモデルでの資本蓄積過程は，(1.14)(1.15)から明らかなように，K_tとI_tのいずれか一方の時間経路によって表すことができる．というのは，投資I_tの時間経路が決まれば，資本ストックK_tの時間経路は，(1.14)(1.15)によって従属的に決定され，逆に，K_tの時間経路が決まれば，I_tの時間経路が従属的に決定されるからである．つまり，最適経路を求める2つの代替的方法が存在する．第1の方法は，各期の投資I_tを独立変数として，目的関数Vを最大化する方法である．もう1つの方法は，各期の資本ストック水準を独立変数とする方法である．目的関数は，$V=V(I_0, I_1, \cdots, I_t, \cdots)$もしくは$V=V(K_1, K_2, \cdots, K_t, \cdots)$と表され，無限個の$I_t$ ($t=0,1,2,\cdots$)，あるいはK_t ($t=1,2,\cdots$) を変数に持つ関数となる．

(1) 最適投資

最適投資経路を求める場合，他の期間の投資を不変にして，第t期の投資だけを限界的に1単位増加させたときの効果が判定される．この場合，第t期の投資1単位の増加は，第t期以外の投資を不変にしているから，資本減耗を無視すると，第$t+1$期以降の資本ストックをすべて投資1単位分だけ増加させることになる[8]．

この場合の投資決定基準は，目的関数Vの中に含まれるK_tを，(1.14)より得られる

$$K_t = (1-\delta)^t \bar{K}_0 + \sum_{s=0}^{t-1}(1-\delta)^{t-s-1} I_s \qquad (t=1,2,\cdots) \qquad (1.16)$$

を利用して消去し，$\partial V/\partial I_t = 0$により次のように求めることができる．

$$\sum_{s=t+1}^{\infty} \alpha^{-(s-t)}(1-\delta)^{t-s-1} p_s f_K(K_s, L_s) = q_t \qquad (t=0,1,2,\cdots) \qquad (1.17)$$

(1.17)は,「第 t 期になされた投資の限界的1単位の増加によって,第 $t+1$ 期以降に得られる予想収益の第 t 期において評価した割引価値がその限界的1単位の資本財の第 t 期において評価した取得費用に等しい」ことを意味している.

(2) 最適資本ストック

次に,最適資本ストックを考える.最適資本ストックを求めるために,他の期間の資本ストックを不変にして,第 t 期の資本ストックだけ限界的に1単位増加させた場合の,予想収益と投資費用に及ぼす効果が判定される.この場合,第 t 期以外の資本ストックを不変に保たなければならないので,第 t 期の資本ストックを1単位増加させるという操作は,1期前の第 $t-1$ 期の投資 I_{t-1} を1単位増加させ,同時に,その分第 t 期の投資 I_t を減少させることによってのみ可能である[9].この操作は,第 t 期の投資1単位を第 $t-1$ 期に繰り上げて実行することを意味する.このような意味での第 t 期の資本ストックの増加に伴う投資費用の変化は,第 $t-1$ 期における投資費用の増加から,第 t 期において減少する投資費用分を差し引いたものになる.

最適性基準は,(1.14)より,

$$I_t = K_{t+1} - (1-\delta)K_t \tag{1.18}$$

を利用して,目的関数 V の中の I_t を消去し,$\partial V/\partial K_t = 0$ により次のように得られる.

$$p_t f_K(K_t, L_t) = \alpha q_{t-1} - (1-\delta)q_t \qquad (t=1, 2, \cdots) \tag{1.19}$$

(1.19)は,「他の期間の資本ストックを不変にして,第 t 期の資本ストックだけ限界的に1単位増加させたとき得られる限界的予想収益の (第 t 期において評価した) 価値が,そのために必要とされる第 $t-1$ 期の (第 t 期において評価した) 投資費用の増加分 αq_{t-1} と第 t 期の投資費用の減少分 $(1-\delta)q_t$ の差に等しい」ことを意味している.

第4節　資本のユーザーコスト

　最適性基準(1.19)は，ジョルゲンソン・モデルにおける「資本のuser cost」に他ならない．というのは，(1.19)右辺は，$\alpha=1+r$ であることを考慮すれば，

$$\alpha q_{t-1}-(1-\delta)q_t=rq_{t-1}+\delta q_t-(q_t-q_{t-1}) \tag{1.20}$$

と表されるからである[10]．その導出手順から明らかなように，資本のuser costは，限界投資費用概念と解釈することもできよう．すなわち，企業が第 t 期の生産に使用する資本ストックを1単位増加させるために，投資のタイミング (資本財の購入時期) を1期間だけ早めることによって生じる (第 t 期において評価した) 投資費用の増分である．利子率が関与しているのは，異なる時期の投資費用の変化を第 t 期の価値として評価するためであり，rq_{t-1} は，資本財の購入時期を1期早めることにより失う機会費用としての利子収入である[11]．

　ところで，このような費用は，必ずしも資本財の購入の場合にだけ発生するわけではない．たとえば，ある人が，消費財を第0期に x_0，第1期に x_1 だけ購入する計画を持っているとしよう．また，その消費財の第0期の価格を p_0，第1期の価格を p_1 としよう．そこでいま，この第1期に買う予定の消費財 x_1 の中から1単位だけ購入時期を早めて第0期に購入することにしたとすれば，このような購入計画の変更による購入費用の増加は，利子率を r とするとき，第1期で評価して，

$$\alpha p_0-p_1=rp_0-(p_1-p_0) \tag{1.21}$$

と表される．つまり，資本のuser costは，資本財の購入の段階で生じる費用と解され，必ずしも資本財を生産用役として使用することに固有の費用

と考える必要はない．ただ，この購入時期を1期早めることから発生する費用が競争的なレンタル市場を想定したばあいには，資本財のユーザーの負担として完全に転嫁されると考えられる．このような想定のもとでは，均衡レンタル料は，資本のuser costに等しくなり，レンタル市場を利用してもあるいは資本財を購入しても無差別となる．

このように資本のuser costを資本財購入のタイミングを1期早めることによる投資費用の増加と解釈するとき，最適性基準(1.19)を時間の流れを逆にして解釈することも可能である．すなわち，資本のuser costは，資本財の購入・生産への使用を1期間延期した場合の投資費用の節約あるいは費用面での利益となり，他方，1期間延期したことにより失う機会費用が当該期間中の資本の限界生産力価値で示される[12]．もし，

$$\text{機会費用 (資本の限界生産力価値)} < \text{資本のuser cost} \quad (1.22)$$

なら，延期する利益が失う利益より大きく，延期する方が選択される．また，(1.22)とは逆の符号関係が成立するときには (有利な投資機会が多く存在するほどこの関係が成立する)，延期するより今期購入する方が選択される．そして，今期購入する資本財の量は次々に資本財1単位ずつ評価して(1.22)の関係が等号で成立するような追加的資本財で決定される．

また，資本ストックのshadow price (補助変数) 概念は，(1.17)左辺で示され，第t期の限界的1単位の投資を無限に使用し続ける場合の限界的予想収益の第t期において評価した価値を表している．この概念は，投資をしないこと (したがって，無限の将来に延期すること) と，そのことによって失う機会費用との比較考量を行うための概念である．資本ストックのshadow priceと資本のuser costは，採用される最適性の評価基準が異なるために対置できないのであって，想定されるモデルの特性の差異に由来するものではない．

第5節　最適投資政策とMyopic Rule

　この節では，ジョルゲンソン・モデルにおける最適投資政策の特徴としてしばしば指摘されるmyopic ruleについて，なぜこのような特徴が現れるのか，その理由を探り，あわせて価格や技術に関する予想が果たす役割を検討する．

　Arrow (1964, 1968) によれば，第2節で導出した最適投資基準

$$p_t f_K(K_t, L_t) = \alpha q_{t-1} - (1-\delta) q_t \qquad (t=1,2,\cdots) \qquad (1.19)$$

は，myopic ruleという特徴を持っている[13]．本章の文脈に沿って言えば，第t期の資本ストックが最適であるための条件(1.19)には，第$t+1$期以降の生産関数，生産物価格および資本財価格が含まれておらず，第t期の最適資本ストック水準は，その期の市場的・技術的条件および1期前の資本財価格のみに依存している．また，これを第$t-1$期の投資決意について表現すれば，企業は最適投資水準I_{t-1}を，購入時点での資本財価格q_{t-1}とその1期後の予想価格q_tおよび第t期の1期間で得られる予想収益を考慮することによって決定できる．

　このようなmyopic ruleは，価格や技術に関する予想の果たす役割という観点から見ることによって，その原因を明らかにすることができる．すなわち，ジョルゲンソン・モデルは，将来時点での諸価格や技術に関する予想値の変化は今期の最適資本ストック水準には影響を与えないという特徴を持っているのである．このことをもう少しくわしく検討するために，例として，将来時点の予想賃金率と予想資本財価格の変化が最適解にどのようなインパクトを与えるかを検討してみよう．

(1)　予想賃金率の変化
　第j期 ($j \neq 0$) の貨幣賃金率w_jの上昇が予想されたとする．まず，(1.19)をw_jに関して微分すると次式を得る．

$$\frac{\partial f_K(K_t, L_t)}{\partial w_j} = \frac{\Delta_t}{f_{LL}(K_t, L_t)} \frac{\partial K_t}{\partial w_j} = 0 \quad \text{if} \quad t \neq j \tag{1.23}$$

$$\frac{\partial f_K(K_j, L_j)}{\partial w_j} = \frac{\Delta_j}{f_{LL}(K_j, L_j)} \frac{\partial K_j}{\partial w_j} + \frac{f_{KL}(K_j, L_j)}{p_t f_{LL}(K_j, L_j)} = 0 \tag{1.24}$$

ここで，$\Delta_t = f_{KK}(K_t, L_t) f_{LL}(K_t, L_t) - f_{KL}(K_t, L_t) f_{LK}(K_t, L_t) > 0$ である．(1.23)(1.24)の導出過程で，(1.12)に相当する離散型の労働に関する効率性条件を利用している．(1.23)(1.24)から，

$$\frac{\partial K_t}{\partial w_j} = 0 \quad \text{if} \quad t \neq j \tag{1.25}$$

$$\frac{\partial K_j}{\partial w_j} = -\frac{f_{KL}(K_j, L_j)}{p_j \Delta_j} \neq 0 \tag{1.26}$$

となり，第j期の賃金率w_jの変化は，第j期の資本ストック水準にだけ影響を与える．なお，資本ストックの変化の方向は$f_{KL}(K_j, L_j)$の符号に依存している．

投資への影響について見ると，(1.25)より，第j期以外の資本ストックが不変に維持されるので，第j期の賃金率の変化は，第$j-1$期と第j期の投資にだけ影響を与える．すなわち，

$$\frac{\partial I_{j-1}}{\partial w_j} = \frac{\partial K_j}{\partial w_j} = -\frac{f_{KL}(K_j, L_j)}{p_j \Delta_j} \neq 0 \tag{1.27}$$

$$\frac{\partial I_j}{\partial w_j} = -(1-\delta)\frac{\partial K_j}{\partial w_j} = \frac{(1-\delta)f_{KL}(K_j, L_j)}{p_j \Delta_j} \neq 0 \tag{1.28}$$

である．なお，投資への影響は，資本ストックの場合と同様，$f_{KL}(K_j, L_j)$の値に依存するが，第$j-1$期の投資と第j期のそれとは逆方向の影響を受ける．

以上のように，将来価格w_jの変化が予想されるとき，それが資本ストックと投資へ与える効果は，資本ストックについては第j期のみに，そして投資については，第$j-1$期と第j期の2期間に及ぶ．このことは，第2節での議論からも明らかなように，w_jの変化は，本質的には，第j期の資本ストックにのみ影響を与えるということに他ならず，その際，2期間の投資

が変化するのは，第j期だけの資本ストックの変化が，第$j-1$期と第j期の投資を変化させることによってのみ可能であるという事情による．

(2) 予想資本財価格の変化

次に，第j期 ($j\neq 0$) の予想資本財価格q_jの上昇が最適投資政策に及ぼす効果を分析する．まず，賃金率の場合と同様に，(1.19)をq_jに関して微分して整理すると次式を得る．

$$\frac{\partial K_j}{\partial q_j}=-\frac{(1-\delta)f_{LL}(K_j,L_j)}{p_j\Delta_j}>0 \tag{1.29}$$

$$\frac{\partial K_{j+1}}{\partial q_j}=\frac{(1+r)f_{LL}(K_{j+1},L_{j+1})}{p_{j+1}\Delta_{j+1}}<0 \tag{1.30}$$

なお，第j期と第$j+1$期以外の資本ストックは影響を受けない．第j期の資本財価格q_jの上昇は，第j期と第$j+1$期の資本ストックにのみ影響を与え，その効果は，$f_{KL}(K_j,L_j)$の符号にかかわらず，第j期の資本ストックを増加させ，第$j+1$期については減少させる．

また，投資に対する効果を見ると，次式のように示される．

$$\frac{\partial I_{j-1}}{\partial q_j}=-\frac{(1-\delta)f_{LL}(K_j,L_j)}{p_j\Delta_j}>0 \tag{1.31}$$

$$\frac{\partial I_j}{\partial q_j}=\frac{(1+r)f_{LL}(K_{j+1},L_{j+1})}{p_{j+1}\Delta_{j+1}}+\frac{(1-\delta)^2 f_{LL}(K_j,L_j)}{p_j\Delta_j}<0 \tag{1.32}$$

$$\frac{\partial I_{j+1}}{\partial q_j}=-\frac{(1-\delta)(1+r)f_{LL}(K_{j+1},L_{j+1})}{p_{j+1}\Delta_{j+1}}>0 \tag{1.33}$$

なお，第$j-1$期から第$j+1$期までの3期間を除く他の期間の投資は影響を受けない．

以上の(1.29)～(1.33)の結果は次のように解釈される．まず，資本財価格q_jは，(1.19)から，第j期だけでなく第$j+1$期の最適資本ストックの決定に影響を与えている．それゆえ，第j期の資本財価格の上昇は，この2期間の

資本ストックに影響を及ぼすが，資本のuser costの点から見ると，第 j 期の資本ストックについては，資本のuser costを引き下げ，第 $j+1$ 期については引き上げる．その結果，(1.19)より，第 j 期の資本ストックはより多く利用され，他方，第 $j+1$ 期の資本ストックは減少する．

投資についての効果(1.31)～(1.33)については，(1.29)(1.30)によって示された第 j 期と第 $j+1$ 期の資本ストックの変化を実行するのに要する調整と考えることができよう．すなわち，(1.29)は第 j 期になされる投資のタイミングを早めることを，(1.30)は，第 j 期の投資のタイミングを送らせることを要請している．その結果，(1.31)～(1.33)に見られるように，第 j 期の投資は減少し，その前後の投資が増加する．

ところで，(1.19)で示されるような最適性基準自体は，各期の資本ストック水準に関する意思決定が将来の諸価格や技術に関する予想に依存しているか否かに関係なく導出可能である．同時に，この(1.19)によって，最適解がmyopic ruleを満たしているか否かのテストを可能にする．たとえば，調整費用モデルにおける意思決定がmyopic ruleを満たしているか否か見てみよう．調整費用モデルにおける最適性基準は，次のように求められる．

$$p_t f_K(K_t, L_t) = r[q_{t-1} + C'(I_{t-1})] + \delta[q_t + C'(I_t)]$$

$$- \{[q_t + C'(I_t)] - [q_{t-1} + C'(I_{t-1})]\}$$

$$= r[q_{t-1} + C'(K_t - K_{t-1})] + \delta[q_t + C'(K_{t+1} - K_t)]$$

$$- \{[q_t + C'(K_{t+1} - K_t)] - [q_{t-1} + C'(K_t - K_{t-1})]\} \quad (1.34)$$

(1.34)右辺は，第 t 期の資本ストックを1単位増加するために資本財の購入を1期間早めることに伴う投資費用の増加であり，調整費用モデルにおける資本のuser costと考えることができよう．しかし，(1.34)から明らかなように，調整費用モデルの場合には，資本のuser costはパラメータだけに依存するのではなく，第 t 期を含む前後3期間の資本ストック水準にも依存している．このことは，第 t 期の最適資本ストックを決定するとき，前

後の期間の資本ストック水準を知らねばならないことを意味する．したがって，ジョルゲンソン・モデルの場合と異なり，(1.34)と労働に関する効率性条件によって，第t期のK_tとL_tを決定することは不可能である．このため，調整費用モデルにおいては，すべての期間の最適資本ストック水準が相互依存的となり，myopic ruleを適用することはできない[14]．

第6節　結語

　以上，ジョルゲンソン・モデルに関して3つの問題を検討した．1つは，ハーベルモの問題とも呼ばれる投資関数の存在にかかわる問題である．離散型のジョルゲンソン・モデルでは，最適投資政策は，最適資本ストック水準とその現存水準のギャップを瞬間的に調整することである．連続型で定式化される場合には，資本ストックの時間に関する連続性が1つの困難となるが，この連続性の仮定を緩めjumpを許すなら，離散型の場合と対応したきわめて自然な解釈が可能となる．ジョルゲンソン・モデルの特徴は，jump解に見られるように，最適資本ストック水準への瞬間的調整にある[15]．
　第2に，ジョルゲンソン・モデルにおいて中心的な役割を果たしている資本のuser cost概念を，その導出手順に着目してその発生根拠を探ってみた．その結果，この概念を投資のタイミングにかかわる概念と解釈することも可能であることが示された．
　第3に，ジョルゲンソン・モデルにおいて，最適投資政策がなぜmyopic ruleという特徴を持つのかを検討した．結果として，このような特徴は，資本ストックの瞬間的調整という特性に由来していること，つまり，各期の最適資本ストック水準は，その期の市場的・技術的条件および1期前の資本財価格にのみ依存しており，したがって，将来価格の変化は，変化の生じた期に瞬間的に調整され，他の期間の資本ストックには影響を及ぼさない

のである.

　なお,限界的1単位の資本ストックを使用し続ける場合に得られる予想収益の増加を表す資本ストックのshadow price (最適制御理論における補助変数) 概念と資本のuser cost概念を対置して使用できない事情も,最適性の評価の違いに根ざすものである.shadow priceを用いた投資決定基準は,今期資本財を購入することと,それを無限の将来 (あるいは資本財の耐用期間が終了する時点) に延期することとの比較に基づいている.

　以上述べてきたように,ジョルゲンソン・モデルは,資本ストックの非連続性を許すならば,論理的整合性を有したモデルと考えることができよう.しかし,その現実妥当性という観点からみれば,かなり非現実的と言わざるをえない.たとえば,モデルの初期時点を企業の設立時点にとると,最適解は,初期時点から市場的・技術的条件に適合した水準での生産活動を要求している.現実には,資金面での制約や資本設備の拡大に要する時間的要素,あるいは組織上の問題など,企業の成長には多くの制約が存在するのが普通である.ジョルゲンソン・モデルは,こういった企業成長の過程を捨象している.その意味で,以後投資理論の発展がたどったように,現実妥当性の観点から資金制約や投資に伴う調整費用を考慮したモデルへの拡充・発展がはかられたのも必然であると思われる.

Appendix:2つの投資決定基準の同値性

ここでは,2つの投資決定基準が代替的であり同値であることを確認する.

(1)　(1.19)式→(1.17)式

　(1.19)で示される投資決定基準は,第t期の資本ストックのみ1単位増加させるという操作が前提にされており,他方,(1.17)のそれは,第t期の投資を1単位増加させ,それを第$t+1$期以降の生産に使用し続けるという前提にたっている.したがって,(1.19)から(1.17)を導出するために,第$t-1$期以降についての(1.19)をすべて足しあわせれば,(1.17)の場合と同一の操

作を行ったことになる．実際，(1.19)の両辺を第$t-1$期から無限の将来にかけて足しあわせれば(1.17)が得られる．この場合，(1.17)は，1単位の資本ストックを第$t+1$期だけでなくそれ以後ずっと使用し続ける場合の予想収益の増加と投資費用増加の均等，あるいは，無限の将来の投資を第t期に早めて行う場合の予想収益の増加と投資費用増加の均等と解釈される．

(2) (1.17)式→(1.19)式

この場合は，(1)と逆の操作を考えればよい．まず，第$t-1$期の投資を1単位増加し，それを第期以降ずっと生産に使用し続ける場合の投資決定基準 ($\partial V/\partial I_{t-1}=0$),

$$\sum_{s=t}^{\infty}\alpha^{-(s-t)}p_s f_K(K_s, L_s)=\alpha q_{t-1} \tag{1.35}$$

と，第t期の投資を1単位増加し，それを第$t+1$期以降の生産に使用し続ける場合の投資決定基準 ($\partial V/\partial I_t=0$),

$$\sum_{s=t+1}^{\infty}\alpha^{-(s-t)}p_s f_K(K_s, L_s)=q_t \tag{1.36}$$

とを考え，(1.35)から(1.36)を辺々差し引けば，第t期にだけ使用する場合の投資決定基準(1.19)が得られる[16]．

注

* 本章は，阿部 (1990) に加筆修正を加えたものである．なお，ジョルゲンソン・モデルについての中村保助教授との議論から多くの示唆を受けた．感謝申し上げたい．
(1) このような見方をとるものとして，たとえば，吉川 (1985)，本間等 (1984)，竹中 (1984) がある．
(2) 投資理論においてjump解が生じるケースを扱った論文として，Milne (1977)，Nickell (1973) がある．
(3) ジョルゲンソンは，この概念に，implicit rental of one unit capital service per

18

period of time とか implicit rental value of capital servicesという解釈を与えている．

(4) 状態変数である資本ストックのjumpが許される場合の最適性の必要条件については，Arrow (1964)，Arrow and Kurz (1970)，Kamien and Schwartz (1981) を参照．

(5) $pf_L=w$-locus上で評価した資本の限界生産力がKの増加とともに低下するための条件が生産関数のstrictly concavityであり，最適投資水準および最適資本ストック水準の存在を保証している．なお，生産関数が同次関数の場合には，この条件は規模に関する収穫逓減を表すことになる．

(6) 資本財を含む諸価格や技術がある将来時点において不連続に変化すると予想される場合には，その時点でjumpが生じる．

(7) Jorgenson (1963) では，1次同次の生産関数が仮定されたが，注(5)で述べたように，この場合には最適資本ストック水準は存在せず，したがって，最大化問題の解としての最適投資水準も存在しないと考えられる．

(8) 正確には，第t期の限界的1単位の投資によって第$t+1$期以降付加される資本ストックの増分は，減価償却を考慮すると，第$t+1$期から順に，1, $1-\delta$, $(1-\delta)^2$, …である．

(9) 正確には，第$t+1$期以降の資本ストックを不変に保つために必要とされる第t期の投資の減少分は，減価償却を考慮すると，$(1-\delta)$単位の資本財である．

(10) (1.20)右辺が$(r+\delta)q_{t-1}-(q_t-q_{t-1})$とならない理由は，ここでは資本財の購入とそれが生産に使用され始めるまでに1期間のタイムラグが仮定されており，第$t-1$期に購入した資本財1単位は1期間の時間の経過に際してまったく減耗しないことによる．小川 (1978) も参照されたい．

(11) 資本のuser costを本章のように解釈する場合には，(1.19)右辺のままで理解する方が容易であろう．とはいえ，(1.20)右辺のrq_{t-1}以外の項を解釈すれば次のようになろう．まず，$-(q_t-q_{t-1})$は資本財1単位の購入を1期間早めることによって節約される費用であるが，実際には$(1-\delta)$単位だけ減少させればよいので節約分はδq_tだけ割り引く必要がある．

(12) Arrow (1964) は，(1.19)に相当する最適性基準を念頭において次のように述べている．「一方，myopic ruleは，現在投資を行うこととそれを短期間延期することとの比較に基づいている」(p.28)

なお，ケインズの投資モデルにおいて資本のuser costが定義できない理由は，1回

限りの投資しか認められていないために，いずれの期における資本ストックも他の期間のそれを不変にして変化させるという操作ができないからと解釈される．

(13) Arrow (1964) は，myopic ruleについて次のように述べている．「The myopic property of the optimal capital policy implies a considerable economy of information needs in the firm's decision-making process, perfectly comparable to the use of the price system for decentralization.」(p.188).

(14) 調整費用モデルの本質的特徴がmyopic ruleをhyperopic ruleに変えたことにある点を強調した論文に，佐藤 (1978) がある．この点に関して中村保助教授に助言をいただいた．

(15) Loon (1983) は，投資率の上限および下限制約を課したジョルゲンソン・モデルを再定式化し最適経路を導出している．

(16) この証明は置塩 (1984) に示唆を受けた．つまり，置塩 (1984) 論文での(1.10)を導出した方法に他ならない．

第2章　調整費用型投資モデル[*]

第1節　はじめに

　本章では，調整費用型投資モデルを企業価値概念を中心に検討する．まず第2節では，最も代表的な調整費用型投資モデルの1つであるAbel (1982) を簡単に要約する．続いて，各種パラメータと企業価値との関係，とくに投資理論において重要な役割を演ずる資本ストックのシャドープライスが「初期資本ストックの限界的企業価値」を表すことを，Oniki (1969, 1973) の比較動学の手法を適用して明らかにする．さらに，この初期資本ストックの限界的企業価値が初期資本ストック水準の減少関数となることを示した上で，「限界的企業価値関数 (曲線)」を導き，各種パラメータの変化が投資に及ぼす効果をこの曲線のシフトを通じて明らかにすることができることを示す．

　第3節では，企業税制と投資の関係を検討する．まず法人税率の引き下げおよび投資減税率の引き上げが，企業の投資行動に促進的な効果を持つか否かを検討する．Abel (1982) は，法人税率の引き下げが，一定の条件の下で投資を増加させるという結果を示したが，本間・跡田・林・秦 (1984) では，Abel (1982) とは多少異なるモデルを用いて，法人税率引き下げの投資への効果は確定することができないとした．そこで，法人税率の引き下げについて，Oniki (1973) の比較動学の方法を用いてAbel (1982) と同じ結果が導出されることを明らかにする．また板垣 (1984) は，Oniki (1973) の比

較動学の方法を用い,基本的にはAbel (1982) と同一のモデルに基づいて,法人税率の引き下げが投資を増加させるための条件を示したが,それはAbel (1982) の示したものとはやや異なるものであった.この点に関して,我々は,Abel (1982) の示した条件と板垣 (1984) のそれとを比較し,両者の関係を明らかにする.さらに,投資減税については,Abel (1982) および本間等 (1984) は,投資減税率の引き上げが投資を増加させるという結果を示したが,板垣 (1984) は,そのための条件を示している.これに対し我々は,投資減税率の引き上げは,Abel条件とは独立に,必ず投資に対して促進的に作用することを示す.

第4, 5節では,それぞれ投資減税率および法人税率の変更が企業投資に及ぼす効果を,税制パラメータの変更が全計画期間にわたる「恒久的変更」と「一時的変更」でどのような差異が生じるかという問題を検討する.Abel (1979, 1982) では,投資減税率の引き上げは,それが恒久的であるよりは一時的である方が初期時点の投資に対してより促進的であることが明らかにされた.すなわち,優遇的な投資税額控除が適用されている期間に投資を集中するのが企業にとってよりプロフィッタブルとなる.他方,法人税率の一時的変更の場合には,税引後粗利潤と減価償却制度に基づく節税効果が相反する方向に作用するため,投資に及ぼす効果は減価償却控除のage profileに依存することが示された.その際,Abel (1982) は,次の2つの減価償却控除のエイジ・プロファイル,すなわち,

①即時的減価償却控除のケース

②物理的減耗に比例的な減価償却控除のケース

を検討したが,いずれも法人税率の一時的引き下げが恒久的引き下げに比べてより投資刺激的であるという結果は示されていない.

そこで我々は,Abel (1982) で展開された税制の一時的変更の効果の分析を,比較動学の手法を適用して検討する.とくに,一時的な優遇税制が投資の異時点間シフトを引き起こし,恒久的な場合よりも投資に対してより促進的に作用するかどうかに焦点をあてる.結果として,物理的減耗に

比例的な減価償却控除が認められている場合には，Abel (1982) では必ずしも一時的変化の効果が恒久的なケースを上回る可能性が示されていないが，我々の分析では投資の異時点間シフトを生じさせ，一時的な法人税率引き下げの投資促進効果が恒久的な引き下げの場合より大である可能性もあることを示す．

第2節　調整費用型投資モデル－エイベル・モデル－

　Abel (1979, 1982) の投資モデルは，基本的には，Lucas (1967)，Gould (1968) そしてTreadway (1969) 等による「調整費用型投資モデル」に企業税制や減価償却制度を組み込んだものである．ケインズ投資理論，ジョルゲンソン・モデル，調整費用型投資モデルがそうであるように，エイベル・モデルも，企業価値最大化問題を解くことにより動学的主体均衡条件を求める構造になっている．その企業価値最大化問題は次のように示される．

$$Max \quad V = \int_0^\infty Re^{-rt}dt + \int_0^\infty \tau \left\{ \int_{-\infty}^0 D(t-s,s)pC[I(s)]ds \right\} e^{-rt}dt \tag{2.1}$$

subject to

$$R = (1-\tau)[pf(K,L)-wL] - (1-k-D)pC(I) \tag{2.2}$$

$$\dot{K} = I - \delta K, \quad K(0) = K_0 \tag{2.3}$$

ここで，K は資本ストック，L は雇用量，I は粗投資，δ は資本ストックの減耗率，r は割引率，p は生産物価格，w は賃金率，τ は法人税率，k

は投資減税率[1]，D は投資費用1円分の投資を行うとき，減価償却制度によって将来の各時点で派生する法人税の節約分の割引現在価値の総和[2]，$C(I)$ は，ここでは，投資財の購入費用と投資に伴う調整費用を含んだ総投資費用を表す．また，以下の仮定が置かれる．

$C'(I) > 0$, for $I > 0$, $C'(I) < 0$, for $I < 0$

$C''(I) > 0$, for all I

$C(0) = C'(0) = 0$

なお，(2.1)右辺第2項の経済学的意味は，過去に行われた投資に対して減価償却制度により今後生ずる節税効果の総和の割引現在価値であるが，初期時点において策定する投資・雇用計画には影響を与えず，最適解の導出に際して無視できる．

　問題(2.1)-(2.3)に最適解が存在するとすれば，最適性の必要条件は，ハミルトニアンを

$$H = (1-\tau)[pf(K,L) - wL] - (1-k-D)pC(I) + \lambda(I - \delta K) \quad (2.4)$$

とおくとき，以下の条件を満す連続関数 $\lambda(t)$ が存在することである．

$$\dot{\lambda} = (r+\delta)\lambda - p(1-\tau)F_K(K,L) \quad (2.5)$$

$$\lambda = (1-k-D)pC'(I) \quad (2.6)$$

$$pF_L(K,L) = w \quad (2.7)$$

さらに，次の横断条件が仮定される．

$$\lim_{t \to \infty} e^{-rt}\lambda(t)K(t) = 0 \quad (2.8)$$

最適性の必要条件から，企業の最適投資・雇用政策が明らかにされる．雇用政策は，(2.7)から，各時点において労働の限界生産力が実質賃金率に等しくなるように決定される．次に，投資政策を見るために，次のような変数qを定義する．

$$q = \frac{\lambda}{(1-k-D)p} \tag{2.9}$$

λは状態変数Kに対応した補助変数であり，資本ストックのシャドー・プライスと解釈される．また$(1-k-D)p$は実質的な投資財価格を意味しており，qは生産物で測った「税制によって調整されたトービンの限界的q」に他ならない．

(2.9)を利用すると，(2.6)は次のように示される．

$$q = C'(I) \tag{2.10}$$

(2.10)から，粗投資Iはqの増加関数である．また(2.9)(2.10)を使うと(2.5)は次のようなqに関する微分方程式に変換できる．

$$\dot{q} = (r+\delta)q - pTF_K(K,L) \tag{2.11}$$

ここで，

$$T = \frac{1-\tau}{(1-k-D)p} \tag{2.12}$$

であり，このTをエイベルは「税パラメータ (tax parameter)」と呼んでいる．

微分方程式体系(2.3)(2.11)で表わされる解の行動を示したのが図2.1である．定常点Eは「鞍点」であり，最適径路Eは点へ収束する2本の安定径路で示される．以上がエイベル・モデルの骨子である．

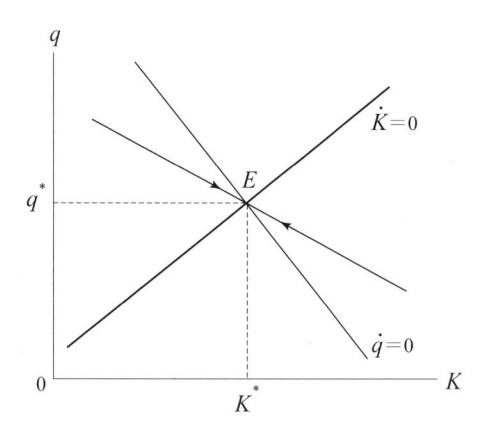

第2章　調整費用型投資モデル　25

図2.1　最適経路

次に，種々のパラメータの変化が企業価値に及ぼす効果を分析する．いまパラメータが $\theta = (K_0, p, w, r, \tau, k)$ のとき，これに対応する最適経路を $\{K(t, \theta), L(t, \theta), I(t, \theta), : t \in [0, \infty)\}$ とすると，企業価値 $V(\theta)$ は次のように示される．

$$V(\theta) = \int_0^\infty \Big\{(1-\tau)\big[pF(K(t,\theta), L(t,\theta)) - wL(t,\theta)\big]$$

$$- (1-k-D)pC\big[I(t,\theta)\big]\Big\} e^{-rt} dt$$

$$+ \int_0^\infty \tau \Big\{\int_{-\infty}^0 D(t-s, s) pC\big[I(s)\big] ds\Big\} e^{-rt} dt \tag{2.13}$$

ここで，次のような新しい変数を定義する[3]．

$$v(0, \theta) = 0 \tag{2.14}$$

$$\dot{v}(t, \theta) = e^{-rt}\Big\{(1-\tau)\big[pF(K(t,\theta), L(t,\theta)) - wL(t,\theta)\big]$$

$$- (1-k-D)pC\big[I(t,\theta)\big]\Big\}$$

$$+ e^{-rt}\Big\{\tau \int_{-\infty}^0 D(t-s, s) pC\big[I(s)\big] ds\Big\} \tag{2.15}$$

そこで以下の微分方程式体系について考察していく．

$$\dot{K}(t, \theta) = I[q(t, \theta)] - \delta K(t, \theta) = \alpha[K(t, \theta), q(t, \theta), \theta] \quad (2.16)$$

$$\dot{v}(t, \theta) = e^{-rt}\{(1-\tau)[pF(K(t, \theta), L(t, \theta)) - wL(t, \theta)]$$
$$- (1-k-D)pC[I(t, \theta)]\}$$
$$+ e^{-rt}\left\{\tau\int_{-\infty}^{0} D(t-s, s)pC[I(s)]ds\right\}$$
$$= \beta[(K(t, \theta), L(t, \theta)), q(t, \theta), \theta] \quad (2.17)$$

$$\dot{q}(t, \theta) = (r+\delta)q(t, \theta) - pTF_K[K(t, \theta), q(t, \theta)]$$
$$= \gamma[(K(t, \theta), L(t, \theta)), q(t, \theta), \theta] \quad (2.18)$$

ここで，特定のパラメータの変化について考える前に一般的な準備をしておく．(2.16)(2.17)(2.18)を任意のパラメータ θ_i で微分すると，

$$\frac{\partial \dot{K}}{\partial \theta_i} = \dot{K}_{\theta_i}(t, \theta) = \alpha_K K_{\theta_i} + \alpha_q q_{\theta_i} + \alpha_{\theta_i} \quad (2.19)$$

$$\frac{\partial \dot{v}}{\partial \theta_i} = \dot{v}_{\theta_i}(t, \theta) = \beta_K K_{\theta_i} + \beta_L L_{\theta_i} + \beta_q q_{\theta_i} + \beta_{\theta_i} \quad (2.20)$$

$$\frac{\partial \dot{q}}{\partial \theta_i} = \dot{q}_{\theta_i}(t, \theta) = \gamma_K K_{\theta_i} + \gamma_L L_{\theta_i} + \gamma_q q_{\theta_i} + \gamma_{\theta_i} \quad (2.21)$$

$$\alpha_K = -\delta < 0$$

$$\alpha_q = \frac{1}{C''(I)} > 0$$

$$\beta_K = e^{-rt}\{(1-\tau)pF_K[K(t, \theta), L(t, \theta))]\} > 0$$

$$\beta_L = e^{-rt}\{(1-\tau)[pF_L(K(t, \theta), L(t, \theta)) - wL]\} = 0$$

$$\beta_q = -e^{-rt}(1-k-D)p\frac{C'(I)}{C''(I)}$$

が得られる．

以下順次各パラメータの変化が企業価値に及ぼす効果を見ていく．最初は初期資本ストックK_0である．(2.19)(2.20)に$\theta_i = K_0$を代入して整理すると次式を得る．

$$\dot{K}_{K_0}(t, \theta) = -\delta K_{K_0}(t, \theta) + \frac{1}{C''(I)} q_{K_0}(t, \theta) \tag{2.22}$$

$$\dot{v}_{K_0}(t, \theta) = e^{-rt}(1-\tau)pF_K K_{K_0}(t, \theta)$$

$$- e^{-rt}(1-k-D)p\frac{C'(I)}{C''(I)} q_{K_0}(t, \theta) \tag{2.23}$$

そこで，$(2.22) \times e^{-rt}(1-k-D) pC'(I) + (2.23)$を計算し，$q_{K_0}(t, \theta)$を消去すると次式を得る．

$$\dot{v}_{K_0}(t, \theta) + (1-k-D)p\frac{d}{dt}\left[K_{K_0}(t, \theta)q(t, \theta)e^{-rt}\right] = 0 \tag{2.24}$$

そこで(2.24)の両辺を積分すると次式を得る．

$$v_{K_0}(\infty, \theta) - (1-k-D)pq(0, \theta) = 0 \tag{2.25}$$

$$\therefore \quad \frac{\partial V(\theta)}{\partial K_0} \equiv \lambda(0, \theta) = (1-k-D)pq(0, \theta) \tag{2.26}$$

すなわち，初期基本ストックのシャドープライス$\lambda(0, \theta)$は「初期資本ストックの限界的企業価値[4]」に等しい．

その他のパラメータに関しても同様の分析により以下の結果が得られる．

$$\frac{\partial V(\theta)}{\partial p} = \int_0^\infty \left\{(1-\tau)F[K(t, \theta), L(t, \theta)] - (1-k-D)C(I)\right.$$

$$\left. + \tau \int_{-\infty}^0 D(t-s, s)pC[I(s)]ds\right\}e^{-rt}dt \tag{2.27}$$

$$\frac{\partial V(\theta)}{\partial w} = -\int_0^\infty (1-\tau)L(t, \theta)e^{-rt}dt < 0 \tag{2.28}$$

$$\frac{\partial V(\theta)}{\partial r} = -\int_0^\infty t\left\{(1-\tau)\left[pF(K(t,\theta),L(t,\theta))-wL(t,\theta)\right]\right.$$
$$\left. -(1-k-D)pC(I)+\tau\int_{-\infty}^0 D(t-s,s)pC[I(s)]ds\right\}e^{-rt}dt \tag{2.29}$$

$$\frac{\partial V(\theta)}{\partial \tau} = \int_0^\infty \left\{ zpC(I)-\left[pF(K(t,\theta),L(t,\theta))-wL(t,\theta)\right]\right.$$
$$\left. +\int_{-\infty}^0 D(t-s,s)pC[I(s)]ds\right\}e^{-rt}dt \tag{2.30}$$

$$\frac{\partial V(\theta)}{\partial k} = \int_0^\infty pC(I)e^{-rt}dt > 0 \tag{2.31}$$

次に，上で求めた初期資本ストックの限界的企業価値 $\partial V(\theta)/\partial K_0 = \lambda(0,\theta)$ が，初期資本ストック K_0 の減少関数であることを示す．まず，微分方程式体系(2.3)(2.11)を K_0 で微分することにより次式を得る．

$$\begin{bmatrix}\dot{K}_{K_0}(t,\theta)\\ \dot{q}_{K_0}(t,\theta)\end{bmatrix} = \begin{bmatrix}-\delta & \dfrac{1}{C''(I)}\\ -\dfrac{pT\Delta}{F_{LL}} & r+\delta\end{bmatrix}\begin{bmatrix}K_{K_0}(t,\theta)\\ q_{K_0}(t,\theta)\end{bmatrix} \tag{2.32}$$

ここで，$\dot{\Delta}=F_{KK}F_{LL}-F_{KL}F_{LK}>0$ であり，(2.32)右辺の係数行列の符号は，

$$\begin{bmatrix}- & +\\ + & +\end{bmatrix}$$

である．さらに境界条件が次のように示される[5]．

$$K_{K_0}(0,\theta)=1,\ K_{K_0}^*=0,\ q_{K_0}^*=0 \tag{2.33}$$

そこで図2.2に示されるように，解 $[K_{K_0}(t,\theta),q_{K_0}(t,\theta)]$ の可能な変化パ

ターンと境界条件(2.33)から，

$$\frac{\partial q(0,\theta)}{\partial K_0} = q_{K_0}(0,\theta) < 0 \tag{2.34}$$

が成立する．したがって，(2.26)から

$$\frac{\partial^2 V(\theta)}{\partial K_0^2} = \frac{\partial \lambda(0,\theta)}{\partial K_0} \equiv (1-k-D)p\frac{\partial q(0,\theta)}{\partial K_0} < 0 \tag{2.35}$$

となり，初期資本ストックの限界的企業価値$V_{K_0}(\theta)$がK_0の減少関数であることが証明された．

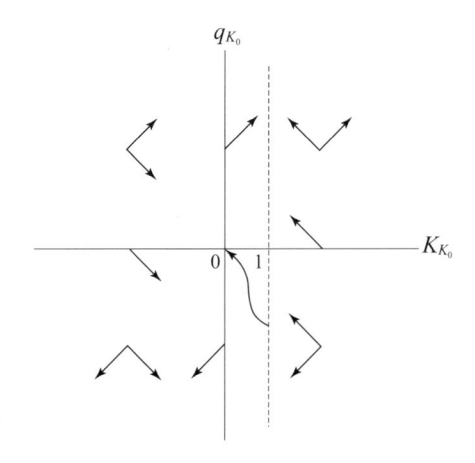

図2.2 初期資本ストックの変化

　企業価値$V(\theta)$と粗投資の関係を図示したのが図2.3である．同図第1象限には，「初期資本ストックの限界的企業価値関数」が描かれている．任意の初期資本ストックK_0に対して$\partial V(\theta)/\partial K_0 = \lambda(0,\theta)$が決まる．さらに，この初期資本ストックのシャドープライス$\lambda(0,\theta)$に対して，第2象限に描かれた定義式(2.9)によって$q(0,\theta)$が対応する．そして第3象限に描かれた調整費用関数$C'(I)$によって初期時点における最適投資水準$I(0)$が決定される．

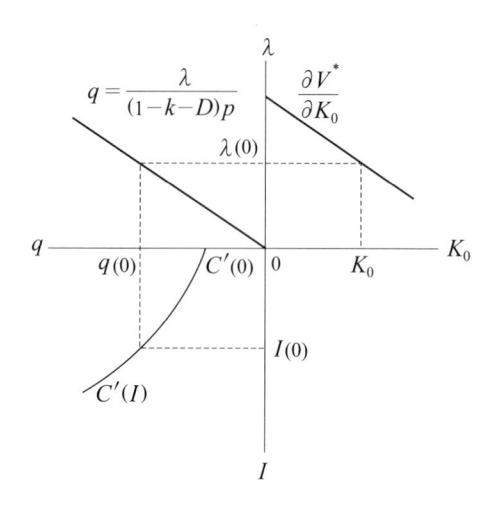

図2.3 企業価値$V(\theta)$と粗投資の関係

図2.3を使って初期資本ストック以外のパラメータの変化についても，投資に及ぼす効果を明らかにすることができる．K_0以外の任意のパラメータが変化した場合，初期資本ストックの限界的企業価値を示す曲線 (図2.3第1象限) が，上下いずれかにシフトする．例えば，上方へシフトするなら投資を増大させ，下方へシフトするなら投資は減少する．では各パラメータの変化は限界的企業価値を増大させるだろうか，それとも減少させるだろうか．これを見るためにOniki (1969, 1973) の比較動学の方法を適用することができ，その結果だけを示すと以下のようになる．

表2.1 比較動学分析

	p	w	r	τ	k
$q(0, \theta)$	+	−	−	±	+

ここで符号＋は上方へのシフト，−は下方へのシフトを表す．法人税率τの変化については，条件

$$k + z < 1 \tag{2.36}$$

が成立するとき，法人税率の引き下げは$q(0, \theta)$を上昇させ，投資を増加させる[6]．この条件(2.36)を「Abel条件」と呼ぶことにする．

第3節　企業税制と投資

Abel (1982) は，投資モデルに法人税，投資税額控除 (投資減税)，減価償却制度を導入し，法人税率の引き下げ，投資減税率の引き上げが企業の投資行動に促進的な効果をもたらすか否かを分析した．まず，法人税率の引き下げは，一定の条件の下で，投資を増加させるという結果を示した[7]．これに対し本間・跡田・林・秦 (1984) では，Abel (1982) とは多少異なるモデルを用いて，法人税率引き下げの投資に対する効果は確定することができないとした[8]．また板垣 (1984) は，Oniki (1973) による比較動学の方法を用い，基本的にはAbel (1982) と同一のモデルに基づいて，法人税率の引き下げが投資の増加をもたらすための条件を示したが，それはAbel (1982) の示したものとはやや異なるものであった．

投資減税について，Abel (1982) および本間等 (1984) では，投資減税率の引き上げは投資の増加をもたらすという結果を示しているが，板垣 (1984) ではそのための条件が示されている．

本節では，次の3点を示す．
① 法人税率の引き下げについて，Oniki (1973) の比較動学の方法を用いてAbel (1982) と同じ結果が導出されること，
② Abel (1982) の示した条件と板垣 (1984) のそれを比較し，両者の関係を明らかにすること，
③ 投資減税率の引き上げは，Abel条件とは独立に，必ず投資に対して促進的に作用すること．

問題となる微分方程式体系は次の通りであり，第2節で得られた(2.3)

(2.4)(2.5)と同じものである.

$$\dot{K} = I - \delta K, \qquad K(0) = K_0 \tag{2.3}$$

$$\dot{\lambda} = (r+\delta)\lambda - p(1-\tau)F_K(K,L) \tag{2.4}$$

$$\lambda = (1-k-D)pC'(I) \tag{2.5}$$

$$pF_L(K,L) = w \tag{2.7}$$

ここでも,分析を簡単化するために変数 q を使う.

$$q = \frac{\lambda}{(1-k-D)p} \tag{2.37}$$

すでに述べたように,この q は生産物で測った税制によって調整された Tobin の限界的 q である.この q を使うと(2.4)は次の微分方程式に変換される.

$$\dot{q} = (r+\delta)q - pTF_K(K,L) \tag{2.38}$$

ここで,

$$T = \frac{1-\tau}{(1-k-D)p} \tag{2.39}$$

である.

そこで,法人税率引き下げの効果を検討するために,微分方程式体系(2.3)(2.38)を法人税率 τ で微分すると次式を得る.

$$\begin{bmatrix} \dot{K}_\tau(t) \\ \dot{q}_\tau(t) \end{bmatrix} = \begin{bmatrix} -\delta & \dfrac{1}{C''(I)} \\ -\dfrac{pT\Delta}{F_{LL}} & r+\delta \end{bmatrix} \begin{bmatrix} K_\tau(t) \\ q_\tau(t) \end{bmatrix} - \begin{bmatrix} 0 \\ T_\tau F_K \end{bmatrix} \tag{2.40}$$

ここで,$\Delta = F_{KK}F_{LL} - F_{KL}F_{LK} > 0$ であり,そして,

$$D = \tau z, \quad z = \int_0^\infty D(s)e^{-rs}ds$$

であるから,

$$T_\tau = -\frac{1-k-z}{(1-k-D)^2 p} \tag{2.41}$$

が得られる．ここで,

$$1-k-z=0 \tag{2.42}$$

をAbelは「税の中立性条件 (neutrality condition)」と呼んでいる．すなわち，法人税率 τ の変化が税パラメータ T を変化させないとき中立である．この中立性条件が満たされるとき，(2.40)に比較動学を適用すれば，$K_\tau(0)=q_\tau(0)=0$ でなければならず，法人税率の変更は投資に影響しない[9]．

さてAbel (1982) は,

$$k+z<1 \tag{2.43}$$

を仮定する．前節で述べたように，この条件(2.43)を「Abel条件」と呼ぶ．このAbel条件が満たされるとき，(2.40)右辺の同次項の係数および非同次項の符号は,

$$\begin{bmatrix} - & + \\ + & + \end{bmatrix} \quad \begin{bmatrix} 0 \\ - \end{bmatrix}$$

となる．そこで，$[K_\tau(t), q_\tau(t)]$ の可能な変化を示すと図2.4のようになる．なおここで，境界条件は,

$$K_\tau(0)=0, \quad K_\tau^*<0, \quad q_\tau^*<0 \tag{2.44}$$

であり[10]，したがって，(K_τ, q_τ) 平面における解 $[K_\tau(t), q_\tau(t)]$ の可能な変化パターンは，垂直軸上の負の部分から出発し，途中第2象限か第3象限内に位置し，最終的には第3象限内のある点に収束するものでなければならない．かくて,

$$q_\tau(0)<0 \quad \Leftrightarrow \quad I_\tau(0)=\frac{q_\tau(0)}{C''[I(0)]}<0 \tag{2.45}$$

となる．すなわち，法人税率の変化と投資の変化とは逆となる．それゆえ，法人税率の引き下げは，Abel条件の下では必ず投資の増加をもたらす．

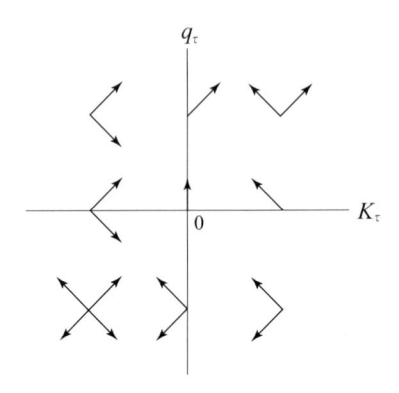

図2.4 法人税率 τ の変化

ところで，板垣 (1984) では，Abel条件を仮定せずに，法人税率の引き下げが投資の増加をもたらすための条件が次のように示されている．

$$\lambda_\tau(0)+pC'(I)\int_0^\infty D(s-0,\,0)e^{-rs}ds<0 \qquad (2.46)$$

これをAbel (1982) の記法で表すと，

$$\lambda_\tau(0)+pC'(I)z<0 \qquad (2.47)$$

となる．

そこで以下において，板垣 (1984) が示した条件(2.46)あるいは(2.47)は，Abel条件が満たされるとき必ず成立することを示す．まず，(2.45)で見たように，Abel条件が成立するとき，$q_\tau(0)<0$が成立する．ところで，(2.37)を法人税率 τ で微分し，(2.5)を使って整理すれば次式を得る．

$$q_\tau(t)=\frac{\lambda_\tau(t)+pC'(I)z}{(1-k-D)p} \qquad (2.48)$$

したがって，$t=0$のとき，

$$q_\tau(0) = \frac{\lambda_\tau(0) + pC'(I)z}{(1-k-D)p} \tag{2.49}$$

と表される．すなわち，(2.49)において，

$$q_\tau(0) < 0 \iff \lambda_\tau(0) + pC'(I)z < 0 \tag{2.50}$$

が成立する．条件(2.46)は $q_\tau(0)<0$ と同値である．これに対して，Abel条件は $q_\tau(0)<0$ であるための十分条件である．

次に，投資減税率変更の効果について検討する．まず微分方程式体系(2.3)(2.38)を投資減税率 k で微分すると次式を得る．

$$\begin{bmatrix} \dot{K}_k(t) \\ \dot{q}_k(t) \end{bmatrix} = \begin{bmatrix} -\delta & \dfrac{1}{C''(I)} \\ -\dfrac{T\Delta}{F_{LL}} & r+\delta \end{bmatrix} \begin{bmatrix} K_k(t) \\ q_k(t) \end{bmatrix} - \begin{bmatrix} 0 \\ T_k F_K \end{bmatrix} \tag{2.51}$$

ここで，

$$T_k = \frac{1-\tau}{(1-k-D)^2} > 0 \tag{2.52}$$

であり，したがって，(2.51)右辺の同次項の係数および非同次項の符号は，

$$\begin{bmatrix} - & + \\ + & + \end{bmatrix} \quad \begin{bmatrix} 0 \\ + \end{bmatrix}$$

となる．そこで，境界条件，

$$K_k(0) = 0, \quad K_k^* > 0, \quad q_k^* > 0 \tag{2.53}$$

を考慮して，法人税の場合と同様の手順で分析すれば，次の結果を得る．

$$q_k(0) > 0 \iff I_k(0) = \frac{q_k(0)}{C''[I(0)]} > 0 \tag{2.54}$$

すなわち，投資減税率の引き上げは，Abel条件 ($k+z<1$) から独立に，必ず投資を増加させる．

以上のように，法人税，投資減税および減価償却制度をモデルに導入した場合，法人税率の引き下げは必ずしも投資に対して促進的に作用するとはかぎらない．これは法人税率の引き下げが，減価償却制度による節税効果を弱めるからである．したがって，減価償却制度によっては，法人税率の引き下げが投資に対して抑制的に作用することもありうる．問題はいかなる条件の下で法人税の引き下げが投資に対して促進的に作用するかである．Abel条件はこの問題に対して1つの十分条件を与えている．

他方，投資減税率の引き上げは減価償却制度に基づく節税効果には影響を与えないので，Abel条件とは無関係に，投資に対して促進的に作用する．

第4節 投資減税率の一時的変更の効果

Abel (1979, 1982) は，調整費用モデルに法人税，投資税額控除および減価償却制度といった企業税制を組み込み，企業投資に及ぼす効果を分析したが，その際，税パラメータの変更が全計画期間にわたる「恒久的変更 (permanent changes)」と計画期間の一部分だけに適用される「一時的変更 (temporary changes)」のケースを区別し，効果に差が出ることを示した．まず投資減税率の引き上げは，それが恒久的であるよりは一時的である方が初期時点の投資に対してより促進的であることを明らかにした．すなわち，優遇的な投資税額控除が適用されている期間に投資を集中する方が企業にとってより有利となる．他方，法人税率の一時的変更の場合には，税引後粗利潤と減価償却制度に基づく節税効果が相反する方向に作用するため，投資に及ぼす効果は減価償却控除のエイジ・プロファイルに依

存することを示した．その際，Abel (1982) は，2つの減価償却控除のエイジ・プロファイル，

(1) 即時的減価償却控除のケース

(2) 物理的減耗に比例的な減価償却控除のケース

を検討したが，いずれも法人税率の一時的引き下げが恒久的引き下げに比べてより投資刺激的であるという結果は示していない．

本節では，企業投資と税制の関係について，Abel (1982) で展開された税制の一時的変更の効果の分析を，Oniki (1979, 1973) の比較動学の手法を適用して検討する．特に，一時的な優遇税制が投資の異時点間シフトを引き起こし，恒久的な場合よりも投資に対してより促進的に作用するかどうかに焦点をあてる．

分析の出発点として，ここでも以下の微分方程式体系を考える[11]．

$$\dot{K} = I - \delta K, \qquad K(0) = K_0 \tag{2.3}$$

$$\dot{\lambda} = (r+\delta)\lambda - p(1-\tau)F_K(K, L) \tag{2.4}$$

$$\lambda = (1-k-D)pC'(I) \tag{2.5}$$

$$pF_L(K, L) = w \tag{2.7}$$

いま投資減税率 k が初期時点で引き上げられたと想定する．もしこの引き上げが恒久的なものと企業に予想 (あるいは告知) された場合には，長期均衡点が移動し，最適経路は新しい長期均衡点に向かう安定的経路にシフトする[12]．

次に投資減税率が初期時点で引き上げられ，将来のある時点 t' で再び元の水準に戻されると予想されるケースを考えてみよう．このような投資減税率の変化パターンは，不確実性が存在しないという想定の下では，それが政府によって発表されたものであろうと何らかの情報に基づいて企業自身が予想したものであろうと差はないであろう．さらに，税率変更が企業に予知されているので，上述の税率変更パターンを次のように読み替えてみる．すなわち，初期時点からある将来の t' 時点まで高い投資減税率が適

用されるが，t'時点において税率の引き下げが行われ，以後，恒久的に低い税率が適用されるというパターンである．このような読み替えを行うと問題は次のように変換される．すなわち，将来のあるt'時点で投資減税率の引き下げが予想されるとき，それは一時的に高い税率が適用されている期間$[0, t')$の投資を，恒久的に高い税率が適用された場合に比べて増加させるか否か，である．そこで以下で行う比較動学分析は，

① 初期時点から無限の将来にわたって高い税率が適用された場合 (恒久的引き上げのケース)

② t'時点で税率の1回限りでかつ恒久的な引き下げが行われた場合 (一時的引き上げのケース)

の2つの最適投資経路を比較する[13]．

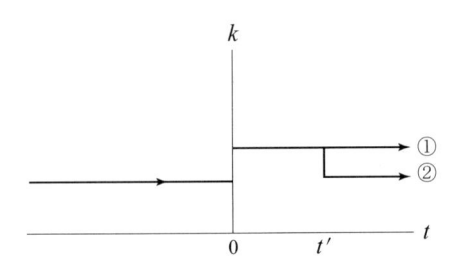

図2.5 投資減税率の変化

さて微分方程式体系(2.3)(2.5)を，(2.6)(2.7)を考慮しながら，投資減税率kで微分するわけであるが，2つの区間$[0, t')$と$[t', \infty)$に分けて考える．前半区間$[0, t')$においては，投資減税率kの変更はないので(2.6)に含まれるパラメータkに変化は生じない．したがって，区間$[0, t')$における解$[K_k(t), \lambda_k(t)]$の行動を示す微分方程式体系は次のようになる．

$$\begin{bmatrix} \dot{K}_k(t) \\ \dot{\lambda}_k(t) \end{bmatrix} = \begin{bmatrix} -\delta & \dfrac{1}{(1-k-D)pC''} \\ \psi(1-\tau) & r+\delta \end{bmatrix} \begin{bmatrix} K_k(t) \\ \lambda_k(t) \end{bmatrix} \quad (2.55)$$

第2章　調整費用型投資モデル　39

ここで，$\psi = -p\Delta/F_{LL}$，$\Delta = F_{KK}F_{LL} - F_{KL}F_{LK} > 0$である．

次に後半区間$[t', \infty)$においては，投資減税率kの引き下げが(2.6)に含まれるkを引き下げるので，次のように示される．

$$\begin{bmatrix} \dot{K}_k(t) \\ \dot{\lambda}_k(t) \end{bmatrix} = \begin{bmatrix} -\delta & \dfrac{1}{(1-k-D)pC''} \\ \psi(1-\tau) & r+\delta \end{bmatrix} \begin{bmatrix} K_k(t) \\ \lambda_k(t) \end{bmatrix} + \begin{bmatrix} \dfrac{C'}{(1-k-D)C''} \\ 0 \end{bmatrix}$$

(2.56)

ここで(2.55)(2.56)右辺の同次項の係数行列および(2.56)右辺の非同次項の符号は次のようになる．

$$\begin{bmatrix} - & + \\ + & + \end{bmatrix} \quad \begin{bmatrix} + \\ 0 \end{bmatrix}$$

そこで微分方程式体系(2.55)(2.56)の解$[K_k(t), \lambda_k(t)]$の(K_k, λ_k)平面における行動を示すと，それぞれ図2.6，図2.7となる．

ここで境界条件が次のように与えられる．

$$K_k(0) = 0, \ K_k^* > 0, \ \lambda_k^* < 0 \tag{2.57}$$

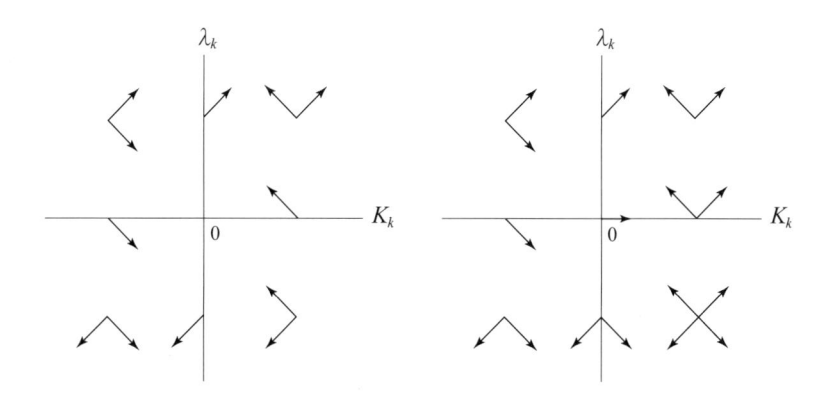

図2.6　投資減税率の変化 $t < t'$　　　図2.7　投資減税率の変化 $t' \le t$

そこで解$[K_k(t), \lambda_k(t)]$の可能な変化パターンを考える．境界条件$K_k^* > 0$, $\lambda_k^* < 0$より，解は最終的には図2.7第4象限に収束しなければならないが，そのためにはt'時点で第1象限に位置することはできない．というのはt'時点で図2.7第1象限にあると，そこから第4象限に移動することは不可能だからである．さらに，初期条件$K_k(0) = 0$より，初期時点において解は図2.6の垂直軸上から出発しなければならないが，$\lambda_k(0) \geq 0$の部分から出発すると，t'時点に第1象限かあるいは原点に位置することになるので，最終的に第4象限に収束することはできない．したがって，

$$\lambda_k(0) < 0, \quad \lambda_k(t') < 0, \quad \lambda_k^* < 0 \tag{2.58}$$

でなければならない．言い換えれば，t'時点での投資減税率kの1回限りで恒久的な上昇は全計画期間を通じて資本ストックのシャドープライスλを低下させる．そこで次に，このような資本ストックのシャドープライスλの変化に投資Iの変化がどのように対応するかを見るために，税制で調整されたトービンの限界的qがkの変化に対してどのように変化するかを調べてみる．まずqは次のように定義される．

$$q = \frac{\lambda}{(1-k-D)p} \tag{2.59}$$

そして優遇税制が適用されている前半期間$[0, t')$においては，

$$q_k(t) = \frac{\lambda_K(t)}{(1-k-D)p} \tag{2.60}$$

によって明らかなように，λとqの変化の方向は同じである．また投資Iは，(2.6)および(2.59)より，$\partial I / \partial q = 1/C''(I) > 0$であるから，$q$に関して増加関数である．以上の結果を総合すれば，$t'$時点以降の投資減税率$k$の引き下げは初期時点および$t'$時点までの$\lambda$を増加させ，$\lambda$の増加$q$はを増加させ，そして$q$の増加は投資$I$を増加させる．$t'$時点以降については，$t'$時点で$q$の下方ジャンプがあり，低い投資減税率に対応した長期均衡点へ収

束する安定経路に乗ることになり，投資は恒久的引き上げの場合よりも低い水準となる．すなわち，Abel (1982) の指摘する通り，投資減税率の一時的引き上げ (②のケース) は，ケース①に比べて，異時点間の投資シフトを誘発し，恒久的な引き上げの場合以上に初期時点から t' 時点までの投資を増加させる．このような異時点間の投資シフトが生じるのは，t' 時点以後優遇税制が撤廃されると，投資の実質価格 $(1-k-D)p$ が上昇するため，企業がコスト上昇回避のために投資のタイミングを早めようとするからである，と解釈できよう．

第5節　法人税率の一時的変更の効果

　この節では，法人税率の一時的引き下げが，恒久的な引き下げに比べて初期時点の投資をより促進するか否かの分析を行う．
　①ある低い水準の法人税率が初期時点から無限の将来にわたって適用された場合 (恒久的引き下げのケース)，
　②初期時点から将来のある時点 t' までは同じであるが t' 時点以降高い税率が適用された場合 (一時的引き下げのケース)
の投資の最適経路について比較動学分析を行う．この2つの経路を比較するため，t' 時点に法人税率の1回限りで恒久的な引き上げがなされると想定し，ケース①と比較する．この場合，投資減税率の場合と異なって，t' 時点以降の法人税率の引き上げが，t' 時点以前の K_τ および λ_τ に関する微分方程式体系の係数に影響を及ぼす点を考慮しなければならない．

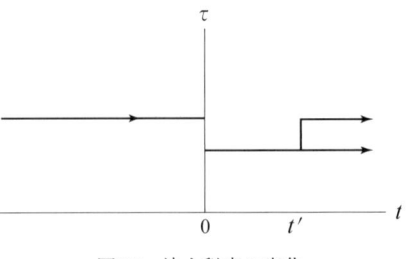

図2.8 法人税率の変化

　前節までの議論では，投資財の実質価格に影響をあたえる「減価償却制度に基づく節税効果D」は，所与の法人税率の下で一定値をとると仮定されてきた．すなわち，

$$D(t)=\int_t^\infty \tau_s D(s-t)e^{-r(s-t)}ds=\tau\int_t^\infty D(s-t)e^{-r(s-t)}ds=\tau z \quad (2.61)$$

である．このことは，どの時点で投資されようと同一の減価償却控除のエイジ・プロファイルが適用され，かつ投資が行われた時点で評価して一定の減価償却控除額が適用されるということを意味している．しかし，計画期間中に法人税率の変更が予想される場合(2.61)は成立しない．そこで，t'時点以前に適用される法人税率をτ_0とし，t'時点以降に適用される法人税率をτ_1とする．法人税率に変更がない場合は，$\tau_1=\tau_0=\tau$であるとする．このとき，区間$[0, t')$における節税効果は，

$$D(t)=\tau_0\int_t^{t'} D(s-t)e^{-r(s-t)}ds+\tau_1\int_{t'}^\infty D(s-t)e^{-r(s-t)}ds \quad (2.62)$$

と表されることになり，t'時点以降の法人税率の引き上げの影響を受ける．すなわち，t'時点以降の法人税率の引き上げに対して，

$$\frac{\partial D(t)}{\partial \tau_1}=\int_{t'}^\infty D(s-t)e^{-r(s-t)}ds>0 \quad (2.63)$$

だけ節税効果が増加し，それだけ投資財の実質価格が低下する．

ところで，減価償却控除のエイジ・プロファイルは理論的には様々なものが考えられ，国によって異なった制度が適用されている．Abel (1982) は，次の2つの減価償却控除のエイジ・プロファイルを検討している．

① 即時的減価償却控除
② 物理的減耗に比例的な減価償却控除

ここではこの2つの減価償却控除のケースについて順次検討していくことにする．

(1) 即時的減価償却控除のケース

即時的減価償却控除というのは，粗投資1円に対して投資を行った時点で直ちにその一定割合zを減価償却控除として法人税の課税所得から控除し，以後，減価償却控除を行わないというものである．いわゆる「加速度償却」の極端な例である．したがって，任意のt時点における減価償却控除$D(t)$は，

$$D(t) = \tau_0 z \tag{2.64}$$

と表される．そこで微分方程式体系(2.3)(2.5)をτ_1で微分すると，まず区間$[0, t')$においては，

$$\begin{bmatrix} \dot{K}_{\tau_1}(t) \\ \dot{\lambda}_{\tau_1}(t) \end{bmatrix} = \begin{bmatrix} -\delta & \dfrac{1}{(1-k-D)pC''} \\ \psi(1-\tau_0) & r+\delta \end{bmatrix} \begin{bmatrix} K_{\tau_1}(t) \\ \lambda_{\tau_1}(t) \end{bmatrix} \tag{2.65}$$

となる．また区間$[t', \infty)$においては，

$$\begin{bmatrix} \dot{K}_{\tau_1}(t) \\ \dot{\lambda}_{\tau_1}(t) \end{bmatrix} = \begin{bmatrix} -\delta & \dfrac{1}{(1-k-D)pC''} \\ \psi(1-\tau_1) & r+\delta \end{bmatrix} \begin{bmatrix} K_{\tau_1}(t) \\ \lambda_{\tau_1}(t) \end{bmatrix} + \begin{bmatrix} \dfrac{C'z}{(1-k-D)} \\ pF_K \end{bmatrix} \tag{2.66}$$

と表される．(2.65)(2.66)右辺の同次項の係数行例および非同次項の符号は，

$$\begin{bmatrix} - & + \\ + & + \end{bmatrix} \quad \begin{bmatrix} + \\ + \end{bmatrix}$$

であり，(2.65)(2.66)の解$[K_{\tau_1}(t), \lambda_{\tau_1}(t)]$の$(K_{\tau_1}, \lambda_{\tau_1})$平面における行動を示すと，それぞれ図2.9，図2.10となる．ここで境界条件が次のように示される．

$$K_{\tau_1}(0)=0, \quad K_{\tau_1}^* =?, \quad \lambda_{\tau_1}^* <0 \tag{2.67}$$

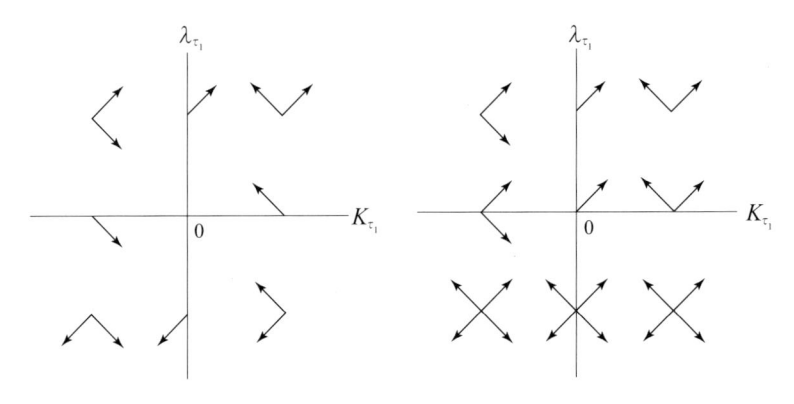

図2.9 法人税率の変化($t<t'$) 　　　図2.10 法人税率の変化($t'\leq t$)

以上の準備をした上で解$[K_{\tau_1}(t), \lambda_{\tau_1}(t)]$の可能な変化パターンを考えると，それは図2.9の垂直軸上から出発して図2.10の第3象限か第4象限に収束しなければならない．したがって，t'時点で第1象限に位置するとこの条件を満たすことができない．ところで，初期時点で垂直軸上の$\lambda_{\tau_1}(t)\geq 0$の部分から出発すると$t'$時点に第1象限内に位置することになるので，境界条件を満たすことができない．したがって，

$$\lambda_{\tau_1}(0)<0, \quad K_{\tau_1}(t')<0, \quad \lambda_{\tau_1}^* <0 \tag{2.68}$$

でなければならない．すなわち，t'時点で1回限りの恒久的な上昇は，全

計画期間を通じて資本ストックのシャドープライス $\lambda(t)$ を低下させる. このとき, 区間 $[0, t')$ における $q(t)$ の変化は,

$$q_{\tau_1}(t) = \frac{\lambda_{\tau_1}(t)}{(1-k-D)p} < 0 \quad \Leftrightarrow \quad I_{\tau_1}(t) = \frac{q_{\tau_1}(t)}{C''(I)} < 0$$

$$\text{for} \quad t \in [0, t') \tag{2.69}$$

となる. すなわち, t' 時点における法人税率の引き上げ (ケース②) は, 恒久的に低い税率が適用された場合 (ケース①) より, 初期時点から t' 時点までの投資を減少させる. 言い換えれば, 一時的な法人税率の引き下げは恒久的なそれよりも投資増大効果が小さい. このような結果が, 法人税率の恒久的引き下げが投資に対して促進的に作用するためのAbel条件 ($k+z<1$) から独立に導出された点に注意すべきである. すなわち, 法人税率の恒久的な引き下げは減価償却控除のエイジ・プロファイル次第で投資に対して抑制的に作用することもあるが, そのような場合でも上記の結果は成立する[14].

(2) 物理的減耗に比例的な減価償却控除のケース

物理的減耗に比例的な減価償却控除とは, 投資が行われた時点で粗投資1円当たり一定額 v が減価償却控除され, 以後, 資本ストックの物理的減耗率 δ と同一の率で控除が削減されるというものである. すなわち, この場合, 減価償却控除としてAbel (1982) は,

$$D(s-t) = ve^{-\delta(s-t)} \tag{2.70}$$

を仮定する. このとき, 減価償却控除は(2.70)を(2.61)に代入することによって, 次のように示される.

$$D(t) = \frac{\tau_0 v + (\tau_1 - \tau_0) v e^{-(r+\delta)(t'-t)}}{r+\delta} \quad \text{for} \quad t \in [0, t') \tag{2.71}$$

$$= \frac{\tau_1 v}{r+\delta} = \tau_1 z \quad \text{for} \quad t \in [t', \infty) \tag{2.72}$$

ここで$D(t)$は(2.71)(2.72)から明らかなように,t'時点で連続である.したがって,

$$\dot{D}(t) = (\tau_1 - \tau_0)ve^{-(r+\delta)(t'-t)} \quad \text{for } t \in [0, t') \quad (2.73)$$

$$= 0 \quad \text{for } t \in [t', \infty) \quad (2.74)$$

$$D_{\tau_1} = \frac{ve^{-(r+\delta)(t'-t)}}{r+\delta} \quad \text{for } t \in [0, t') \quad (2.75)$$

$$= \frac{v}{r+\delta} \quad \text{for } t \in [t', \infty) \quad (2.76)$$

$$\dot{D}_{\tau_1}(t) = ve^{-(r+\delta)(t'-t)} \quad \text{for } t \in [0, t') \quad (2.77)$$

$$= 0 \quad \text{for } t \in [t', \infty) \quad (2.78)$$

である.なお以下ではAbel条件

$$k+z<1 \quad (2.79)$$

が満たされるとする.

このような仮定の下で,t'時点以降に適用される法人税率τ_1の上昇の効果を検討するわけであるが,今度は税制で調整されたトービンの限界的qに関する微分方程式を使うことができる.というのはこの場合,t'時点におけるτ_1の変化に対してqのジャンプは生じないからである.ただしこの場合,qに関する微分方程式は,減価償却控除Dが時間の関数であるから次のように表される.

$$\dot{q} = \frac{A}{1-k-D(t)}q - pTF_{KK}(K,L) \quad (2.80)$$

ここで,

$$A = (r+\delta)(1-k-D) + \dot{D} \quad (2.81)$$

$$T = \frac{1-\tau}{(1-k-D)p} \quad (2.82)$$

である.そこで微分方程式体系(2.3)(2.80)をt'時点以降適用される法人税率τ_1で微分すると,まず区間$[0, t')$においては,次式を得る[15].

第2章 調整費用型投資モデル　47

$$\begin{bmatrix} \dot{K}_\tau \\ \dot{q}_\tau \end{bmatrix} = \begin{bmatrix} -\delta & \dfrac{1}{C''(I)} \\ \psi T & \dfrac{A}{1-k-D} \end{bmatrix} \begin{bmatrix} K_{\tau_1} \\ q_{\tau_1} \end{bmatrix} + \begin{bmatrix} 0 \\ \dfrac{v\dot{q}e^{-(r+\delta)(t'-t)}}{(r+\delta)(1-k-D)} \end{bmatrix} \quad (2.83)$$

また区間$[t', \infty)$においては次式を得る．

$$\begin{bmatrix} \dot{K}_{\tau_1} \\ \dot{q}_{\tau_1} \end{bmatrix} = \begin{bmatrix} -\delta & \dfrac{1}{C''(I)} \\ \psi T & r+\delta \end{bmatrix} \begin{bmatrix} K_{\tau_1} \\ q_{\tau_1} \end{bmatrix} + \begin{bmatrix} 0 \\ -pT\tau_1 F_{KK} \end{bmatrix} \quad (2.84)$$

ここで，

$$T_{\tau_1} = \frac{[v-(r+\delta)(1-k)]T}{(1-\tau_1)(r+\delta)(1-k-D)} < 0 \quad (2.85)$$

である[16]．ここで(2.83)(2.84)右辺の同次項の係数行列および非同次項の符号を示すと，それぞれ次のようになる．

$$\begin{bmatrix} - & + \\ + & + \end{bmatrix} \begin{bmatrix} 0 \\ - \end{bmatrix}, \begin{bmatrix} - & + \\ + & + \end{bmatrix} \begin{bmatrix} 0 \\ + \end{bmatrix}$$

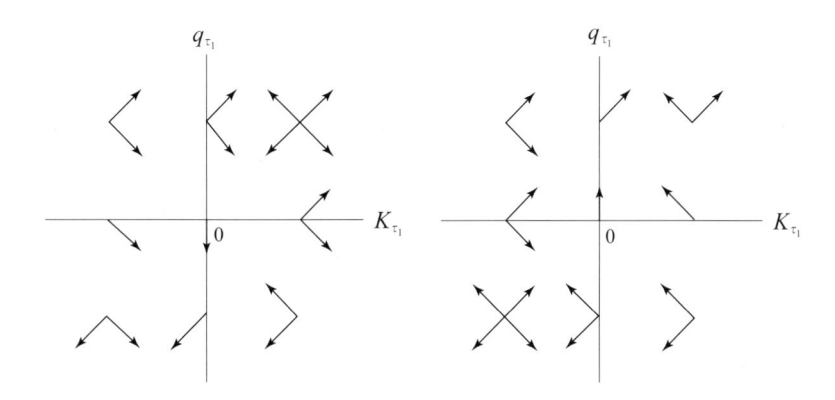

図2.11　法人税率の変化($t < t'$)　　図2.12　法人税率の変化($t' \leq t$)

さてそこで解$[K_{\tau_1}(t), q_{\tau_1}(t)]$の$(K_{\tau_1}, q_{\tau_1})$平面における行動を示したのが図2.11, 図2.12である．図2.11は区間$[0, t')$におけるものであり，図2.12は区間$[t', \infty)$におけるものである．

ここで境界条件が次のように与えられる．

$$K_{\tau_1}(0)=0, \quad K_{\tau_1}^*<0, \quad q_{\tau_1}^*<0 \tag{2.86}$$

そこで解$[K_{\tau_1}(t), q_{\tau_1}(t)]$の可能な変化パターンを考えてみよう．図2.12および境界条件$K_{\tau_1}^*<0$, $q_{\tau_1}^*<0$から明らかなように，時点において解$[K_{\tau_1}(t), q_{\tau_1}(t)]$は第1象限(境界を含む)上に位置してはならない．また初期条件$K_{\tau_1}(0)=0$より，初期時点に図2.11の垂直軸上から出発することを考慮すると，可能な変化パターンは次のような2つである．

$$\text{ケース(1)} \quad q_{\tau_1}(0) \leq 0, \quad q_{\tau_1}(t')<0, \quad q_{\tau_1}^*<0 \tag{2.87}$$

$$\text{ケース(2)} \quad q_{\tau_1}(0)>0, \quad q_{\tau_1}(t')<0, \quad q_{\tau_1}^*<0 \tag{2.88}$$

ケース(1)では，t'時点以降に適用される法人税率τ_1の引き上げは$q(t)$を全計画期間にわたって減少させ，投資を減少させる．言い換えれば，一時的な法人税率の引き下げは恒久的な場合ほどには投資を増加させない．これに対して，ケース(2)では，一時的な法人税率の引き下げは恒久的な場合以上に初期時点の投資を増加させる．しかし，それは当初だけであり優遇税制が適用されている期間中に恒久的な場合以下の増加に減少してしまう．

第6節　結語

以上の分析結果を要約しておこう．まず投資減税率の一時的な引き上げは，恒久的な引き上げに比べて投資促進効果が大きい．このことは，投資

減税率の一時的な引き上げにより，投資の異時点間シフトが生じることを意味している．というのは，投資減税率の一時的引き上げは，優遇税制が適用されている期間中の投資財の実質価格を低下させるが，その効果は優遇税制が撤廃されれば消滅し，その意味で投資のタイミングを早める効果を持つからである．

次に法人税率の場合は基本的には減価償却控除のエイジ・プロファイルに依存するが，即時的減価償却控除が認められている場合には，一時的な法人税率の引き下げは恒久的な場合ほどには投資を刺激せず，投資の異時点間シフトは生じない．これに対して，物理的減耗に比例的な減価償却控除が認められている場合には，Abel (1982) では必ずしも一時的変化の効果が恒久的なケースを上回る可能性が示されていないが，我々の分析では投資の異時点間シフトを生じさせ，一時的な法人税率引き下げの投資促進効果が恒久的な引き下げの場合より大である可能性もあるという結果が得られた．

Appendix：(2.83)の導出について

まず(2.80)を τ_1 で微分すると次式を得る．

$$\dot{q}_{\tau_1} = \frac{A}{1-k-D} q_{\tau_1} + \frac{(1-k-D)A_{\tau_1}+AD_{\tau_1}}{1-k-D} q - p\left(T_{\tau_1} F_K + T \frac{\partial F_K}{\partial \tau_1}\right) \tag{2.89}$$

ここで，

$$A_{\tau_1} = -(r+\delta)D_{\tau_1} + \dot{D}_{\tau_1} = 0$$

$$AD_{\tau_1} = \frac{[(r+\delta)(1-k-D)+\dot{D}]ve^{-(r+\delta)(t'-t)}}{r+\delta}$$

$$= \frac{[(r+\delta)(1-k)-\tau_0 v]ve^{-(r+\delta)(t'-t)}}{r+\delta}$$

$$T_{\tau_1} = \frac{v(1-\tau_0)e^{-(r+\delta)(t'-t)}}{(r+\delta)(1-k-D)^2 P} \qquad \text{for} \quad t \in [0, t')$$

であるから,

$$\dot{q}_{\tau_1} = \psi TK_{\tau_1} + \frac{A}{1-k-D}q_{\tau_1} + \frac{AD_{\tau_1}}{(1-k-D)^2}q - pT_{\tau_1}F_K$$

$$= \psi TK_{\tau_1} + \frac{A}{1-k-D}q_{\tau_1} + \frac{ve^{-(r+\delta)(t'-t)}[Aq-(1-\tau_0)F_K]}{(r+\delta)(1-k-D)^2}$$

$$= \psi TK_{\tau_1} + \frac{A}{1-k-D}q_{\tau_1} + \frac{ve^{-(r+\delta)(t'-t)}}{(r+\delta)(1-k-D)}\left[\frac{A}{1-k-D}q - pTF_K\right]$$

$$= \psi TK_{\tau_1} + \frac{A}{1-k-D}q_{\tau_1} + \frac{ve^{-(r+\delta)(t'-t)}}{(r+\delta)(1-k-D)}\dot{q} \qquad (2.90)$$

注

* 本章は, 阿部 (1985, 1986a, 1986b) に加筆修正を行い, 再構成したものである.
(1) Abel (1982) では, 投資減税率 k は設置された投資費用に対する即時的リベートと定義されている. また, 減価償却制度は, 減価償却引当金として認められた金額が損金として課税法人所得から控除されるものとして定式化されている.
(2) t 時点における D の値は, 本来,

$$D_t = \int_t^\infty \tau_s D(s-t)e^{-r(s-t)}ds$$

と表されるが, $\tau_t = \tau = $ 一定の下で, $D_t = D = $ 一定, が仮定されている. したがって, $D = \tau z$. ただし,

$$z = \int_0^\infty D(s)e^{-rs}ds.$$

(3) 企業価値の最大値は, $v = v(\infty, \theta)$ のとき得られる.
(4) 永谷 (1982) は, この概念を「資本の限界価値」あるいは「資本の限界純収入」と呼んでおり, その意味を「初期資本ストックの企業価値に対する限界貢献度」と表現

(5) 境界条件$\dot{K}_{K_0}=0$, $\dot{q}_{K_0}=0$は, (2.32)左辺をゼロとおくことによって得られる.

(6) **Abel** (1982) は, 中立性条件$k+z=1$について, 減価償却控除の現在価値zが, 資本の純購入価格 (net purchase price of capital) $1-k$と等しい状態と述べている.

(7) 比較動学分析によって明らかにされるのは, 現在時点から無限の将来にわたる投資の時間経路全体がどのようにシフトするかということであるが, ここでは投資経路のシフトの結果, 初期時点の投資がどのように変化するかに焦点をあてる.

(8) なお吉川 (1984) では, **Stiglitz=Hartman**モデルを用いて法人税率の引き上げが投資の増加をもたらすことを示唆している.

(9) なお, 解$[K_\tau, q_\tau]$の可能な変化パターンは, 後述の図2.7と同じである.

(10) この結果は, Abel条件の下では, 法人税率τの上昇が図2.1$\dot{q}=0$曲線を左方へシフトさせる一方, $\dot{K}=0$曲線には影響しないということから得られる. なお, 板垣 (1984) で採用された方法でも同一の結果が得られる.

(11) 以下の分析において「税制によって調整されたトービンのq」に関する微分方程式を利用しない理由は, qの最適経路が投資減税率kの一時的変更に際して時点t'で不連続になるのに対し, 資本ストックのシャドープライスλの最適経路はkの一時的変更に対して連続であり, **Oniki** (1969, 1973) の比較動学分析が直接適用可能だからである. **Abel** (1979, 1982) 参照.

(12) 詳細については, **Abel** (1979, 1982) 参照.

(13) 過去の税率がどういう水準であったかは, 初期時点以降の最適経路に影響しない. したがって, 初期時点で税率の変更があった場合, 最適経路はなんらかの**jump**を経験するが, **jump**後の最適経路は初期時点から将来にわたって支配するパラメータの値に依存して決定される.

(14) もし$k+z>1$ならば, 法人税率の恒久的引き下げが投資を全計画期間にわたって減少させるので, 一時的引き下げは投資をより一層減少させることになる.

(15) (2.83)の導出については**Appendix**を参照.

(16) (2.85)の符号の証明は次の通り. Abel条件$1>k+z$に, $z=v/(r+\delta)$を代入して整理すると, $v-(r+\delta)(1-k)<0$が得られる.

第3章　企業価値最大化モデル*

第1節　はじめに

　第3章から第5章において取り上げるテーマは，企業の資金調達を明示的に組み込み，最適投資経路と最適資金調達が同時に決定される投資モデルの研究である．このテーマは，投資理論と企業金融の理論というそれぞれ独立に研究されてきた分野を含んでおり，両者の間には少なからずギャップが存在していた．というのは投資理論では資金調達を明示せずに最適投資経路を導出しようとし，他方，企業金融理論では，投資計画を所与として最適な資本構成を検討してきたという背景があるからである[1]．
　このことには，Modigliani and Miller (1958) のいわゆる「M-M理論」の存在が深く関わっている．税制の存在しない完全な資本市場を想定した上で打ち立てられた，投資と資金調達の間の否定的な関係を主張する命題である．しかし，M-M理論以降，投資理論と企業金融の理論の間に存在するギャップを埋めるべく，資本市場の不完全性や税制，非対称情報といった要素を考慮したモデルも多く展開されてきている．それらの中で重要な役割を果たしているのは，資本コストと企業価値という概念であり，モデルによって異なった結論が出てくるのもこれらの概念に関する定式化の違いに原因の一端があるように思われる．本章では，Brock and Turnovsky (1981) による資本コスト概念の定式化とOsterberg (1989) による「負債のagency cost」概念の定式化を基礎として，企業税制を組み込んだ1つのモデルを再構成し，投資と資金調達に関する問題を考えていく[2]．そして，

このモデルが，調整費用型投資モデルの資金調達を含めた場合の自然な拡張になっていることを示す．

ここで重要な役割を果たす資本コストについてあらかじめ述べておこう．資本コストとは，企業に対する資金提供者が要求する期待収益率と定義され，企業価値，すなわち，net cash flowの割引現在価値総額を求める際に使われる割引率と考えられている[3]．しかし，投資計画を実行するために内部留保や負債，新株発行といったいくつかの資金を組み合わせて利用する場合，具体的に資本コストをどのように定式化するかについては，議論が分かれている．Brock and Turnovsky (1981) が定式化した資本コストは，net cash flowの割引現在価値総額である初期時点の企業価値を求める際の割引率として，モデルの中で内生的に決定されるという特徴を持っている．

Brock and Turnovsky (1981) でもそうであるが，この種の投資モデルにおいて，企業の財務構造は最適負債－自己資本比率が端点解になることが多い．負債に有利な企業税制の下では，可能な限り負債による資金調達を行うというのが基本的なパターンとなっている．これに対して，Osterberg (1989) は，「負債のエージェンシーコスト (agency cost)」をモデルに組み込み，内点解としての最適負債－自己資本比率，すなわち，最適資本構成を導出した．負債－自己資本比率に関して逓増的な増加関数としての負債のagency cost関数の定式化である．Osterberg (1989) による負債のagency costは，Jensen and Meckling (1976) 流の企業観に立ち，負債を発行する際に，株主と負債所有者の間の利害を調整するための財務制限条項 (bond covenants) といった契約上の制約に関連したコストとして定式化されている．そこでは，企業を株主・経営者と債権者 (負債所有者) の利害が調整される場という考え方を基礎にしている[4]．この負債のagency cost関数により，最適な負債－自己資本比率が内点解として決定され，最適資本コストが負債－自己資本比率の関数として内生的に求められている．

本章では，Brock and Turnovsky (1981) およびOsterberg (1989) を基

礎に，新株発行を含めた企業モデルを再定式化し，最適投資・財務政策を分析する．次節以降の構成は以下の通りである．まず第2節において，企業の予算制約および株式と債券の間の裁定条件から，目的関数である企業価値と資本コストが内生的に導出される．第3節では，資本コストを最小化する最適配当政策が導出され，続いて第4節で，同じく資本コストを最小化する最適負債−自己資本比率が求められる．第5節では，最適新株発行政策と最適負債政策が検討され，最後に第6節で，結果の要約が述べられる．

第2節 裁定条件と目的関数の導出

資本Kと労働Lを利用してある1種類の生産物を生産している企業（株式会社）を想定する．売上額$pF(K,L)$から賃金wLを差し引いた営業利益は，労働Lに関して最大化され，資本ストックKの関数として次のように表されるものとする．

$$R(K) = \arg\max_L [pF(K,L) - wL], \tag{3.1}$$

$$R'(K) > 0, \quad R''(K) < 0$$

ここで，pは生産物価格，$F(K,L)$は生産関数，wは賃金率である．最大化された営業利益$R(K)$は，投資に伴う調整費用$C(I)$，負債B（社債を想定）に対する利子支払いrB，負債のagency cost $a(\lambda)B$，法人税T，配当Dとして支払われ，残額が内部留保REとなる．

$$R(K) = C(I) + rB + T + RE + a(\lambda)B + D \tag{3.2}$$

$$a(0) = a'(0) = 0$$

$a'(\lambda) > 0$, $a''(\lambda) > 0$ for $I > 0$

$C'(I) > 0$, for $I > 0$, $C'(I) < 0$, for $I < 0$

$C''(I) > 0$, for all I

$C(0) = C'(0) = 0$

ここで λ は，負債－自己資本比率

$$\lambda = \frac{B}{zE} \tag{3.3}$$

である．法人税率を τ，法定減価償却率を δ とし，利子支払いと投資に伴う調整費用も企業の課税所得から控除されると仮定すると，法人税 T は，

$$T = \tau[R(K) - C(I) - rB - \delta K] \tag{3.4}$$

となるから，これを(3.2)に代入すると，

$$(1-\tau)[R(K) - C(I) - rB] + \tau\delta K = RE + a(\lambda)B + D \tag{3.5}$$

を得る．(3.5)左辺の $\tau\delta K$ は，減価償却控除に基づく節税効果を表している[5]．

企業は，t 時点で $E(t)$ 単位の株式，$B(t)$ の負債を発行しているものとし，株価を $z(t)$ とすると，市場で評価された企業価値 $V(t)$ は，

$$V(t) = B(t) + z(t)E(t), \qquad E(0) = E_0 \tag{3.6}$$

で定義される．(3.6)を時間で微分すると次式が得られる．

$$\dot{V} = \dot{B} + \dot{z}E + z\dot{E} \tag{3.7}$$

投資費用は，負債の新規発行 $\dot{B}$，株式の新規発行 $z\dot{E}$ (時価発行) および内部留保 RE によって調達されるので，次式が満たされなければならない．

$$I = \dot{B} + z\dot{E} + RE \tag{3.8}$$

負債と株式は家計部門 (投資家) によって保有される．その税引後の収益率は一致しなければならないので次式が成立する (株式と債券の間の裁定条件)．

$$\frac{(1-\beta_3)\dot{z}E+(1-\beta_2)D}{zE}=(1-\beta_1)r \tag{3.9}$$

ここで，β_1は利子所得税率，β_2は配当所得税率，β_3はキャピタルゲイン税率であり，(3.9)左辺は株式の税引後収益率，右辺は負債の税引後収益率である．(3.9)は，

$$\dot{z}E=-\frac{(1-\beta_2)}{(1-\beta_3)}D+\frac{(1-\beta_1)}{(1-\beta_3)}rzE=-\theta_2 D+\theta_1 rzE \tag{3.10}$$

と表すことができる．ここで，

$$\theta_1=\frac{(1-\beta_1)}{(1-\beta_3)} \tag{3.11}$$

$$\theta_2=\frac{(1-\beta_2)}{(1-\beta_3)} \tag{3.12}$$

である．そこで(3.5)(3.7)(3.8)および(3.10)から，

$$\begin{aligned}\dot{V} &= \dot{z}E+I-RE \\ &= \dot{z}E+I-\{(1-\tau)[R(K)-C(I)]-[(1-\tau)r+a(\lambda)]B \\ &\quad +\tau\delta K-D\} \\ &= -\theta_2 D+\theta_1 rzE-\{(1-\tau)[R(K)-C(I)]-I+\tau\delta K\} \\ &\quad +[(1-\tau)r+a(\lambda)]B+D \\ &= -\Phi+\theta_1 rzE+[(1-\tau)r+a(\lambda)]B+\theta_3 D \end{aligned} \tag{3.13}$$

が得られる．ここで，

$$\theta_3 = \frac{\beta_2 - \beta_3}{1 - \beta_3} \quad (= 1 - \theta_2)$$

である．また，(3.13)の Φ は，

$$\Phi = (1-\tau)[R(K) - C(I)] - I + \tau \delta K = \Phi(K, I) \tag{3.14}$$

であり，net cash flowを表している．(3.13)はさらに次のように変形される．

$$\begin{aligned}
\Phi + \dot{V} &= \theta_3 D + \theta_1 rzE + [(1-\tau)r + a(\lambda)]B \\
&= \theta_3 D + \theta_1 rzE + [(1-\tau)r + a(\lambda)]B \\
&= \theta_3 dzE + \theta_1 rzE + [(1-\tau)r + a(\lambda)]\lambda zE \\
&= \{\theta_3 d + \theta_1 r + [(1-\tau)r + a(\lambda)]\lambda\}\frac{V}{1+\lambda} \\
&= \left\{\frac{\theta_3 d + \theta_1 r}{1+\lambda} + [(1-\tau)r + a(\lambda)]\frac{\lambda}{1+\lambda}\right\}V \\
&= \omega V \tag{3.15}
\end{aligned}$$

(3.15)の ω は，

$$\omega = \frac{\theta_3 d + \theta_1 r}{1+\lambda} + [(1-\tau)r + a(\lambda)]\frac{\lambda}{1+\lambda} \tag{3.16}$$

であるが，後述するように，net cash flowに対する割引率であり，「資本コスト (cost of capital)」を表す．また，配当政策 d は配当の自己資本（発行株式時価総額）zE に対する比率で定義され，ここでは簡単化のため，d はある非負の一定値 d_0 以上でなければならないものと仮定する[6]．

$$d = \frac{D}{zE} \geq d_0 \geq 0 \tag{3.17}$$

さて当該企業は，初期時点から無限の将来にわたるnet cash flow Φ の

割引現在価値総額である企業価値$V(0)$を最大化するものと仮定されるが,その目的関数が以下のように内生的に導出される．まず，(3.15)が次のように表される．

$$\dot{V} - \omega V = -\Phi \tag{3.18}$$

(3.18)の両辺に$\exp(-\rho_t) = \exp\left(-\int_0^t \omega(k)dk\right)$をかけると次式が得られる[7]．

$$exp(-\rho_t)\dot{V} - exp(-\rho_t)\omega V = -\Phi(K,I)exp(-\rho_t) \tag{3.19}$$

したがって，

$$\frac{d}{dt}\{e^{-\rho_t}V\} = -\Phi(K,I)e^{-\rho_t} \tag{3.20}$$

であり，両辺を積分すれば，

$$\int_0^\infty \frac{d}{dt}\{e^{-\rho_t}V\}dt = -\int_0^\infty \Phi(K,I)e^{-\rho_t}dt \tag{3.21}$$

となり，次式が得られる．

$$V(0) = \int_0^\infty \Phi(K,I)e^{-\rho_t}dt \tag{3.22}$$

(3.22)が当該企業が最大化すべき目的関数であり，net cash flowを資本コストで割り引いた現在価値総額を表している．

第3節　最適資本コストと最適配当政策

(3.16)から明らかなように，資本コストωは，税制，負債利子率，負債

－自己資本比率，負債のagency costおよび企業の配当政策といった財務的諸要因にのみ依存し，資本ストック，雇用，生産あるいは投資という実物的変数から独立している．

$$\omega = \frac{\theta_3 d + \theta_1 r}{1+\lambda} + [(1-\tau)r + a(\lambda)]\frac{\lambda}{1+\lambda} \qquad (3.16)$$

(3.16)において，資本コストωは，配当政策dに関して$\theta_3/(1+\lambda)$を係数とする一次関数である．配当所得税率がcapital gain税率より高い場合 ($\theta_3 > 0$)，資本コストは，配当が少ないほど低くなる．可能なら配当はゼロとなるのが最適である．すなわち，株主への利益還元は，株価上昇によるcapital gainを通じて行う方が望ましいということになる．以下の分析では，

$$\theta_3 > 0 \iff \beta_2 > \beta_3 \iff 1 > \theta_2 \qquad (3.23)$$

を仮定する[8]．このとき，資本コストを最小化する最適配当政策は，

$$d = d_0 \geq 0 \qquad (3.24)$$

となり，要求される最低水準の配当を行うことになる．なお，配当所得税率β_2とcapital gain税率β_3が等しい時 ($\theta_3 = 0$)，あるいは税制をモデルに組み込まないケース ($\beta_2 = \beta_3 = 0 \to \theta_3 = 0$) では，資本コストは配当政策から独立となる．(3.16)は，(3.9)を使うと，次のように表すこともできる．

$$\omega = \frac{1}{1+\lambda}\left(\frac{\dot{z}E + D}{zE}\right) + \frac{\lambda}{1+\lambda}[(1-\tau)r + a(\lambda)]$$

$$= \frac{zE}{V}\left(\frac{\dot{z}E + D}{zE}\right) + \frac{B}{V}[(1-\tau)r + a(\lambda)] \qquad (3.25)$$

(3.25)から明らかなように，資本コストは，それぞれの企業価値に占める

割合をウェイトとした自己資本の調達コスト (capital gain＋配当) と負債の調達コストの加重平均となっている[9]．したがって，もし投資資金をすべて負債で調達するなら，資本コストは $\omega=(1-\tau)r+a(\lambda)$ となり，すべて自己資本で賄うなら，資本コストは $\omega=\theta_3 d_0+\theta_1 r$ ということになる．また，税制が存在せず，負債のagency costも存在しない，いわゆる「M-M理論の世界」を想定すれば，資本コストは，単に $\omega=r$ となり，負債－自己資本比率から完全に独立となる[10]．

第4節　最適資本構成

さて，(3.22)から明らかなように，企業価値 $V(0)$ は，実物変数だけを含む部分 $\Phi(K,I)$ と財務変数だけを含む部分 ρ_t に分離されている．したがって，企業価値 $V(0)$ の最大化は，以下のような2段階に分解することができる．すなわち，第1段階として，企業の財務的変数に関して資本コストの最小化を求め (最適資本コストの導出)，第2段階として，最適資本コストを割引率として，net cash flowの割引現在価値総額 $V(0)$ を最大化する．

企業価値最大化の第1段階である資本コストの最小化では，(3.16)から，それに影響を与えることのできる制御変数は，負債－自己資本比率 λ および配当政策 d である．すでに述べたように，$\theta_3>0$ の場合，資本コストを最小にする最適配当政策は，$d=d_0$ となる．次に，(3.16)の資本コストを負債－自己資本比率 λ に関して最小化すると，

$$\frac{\partial \omega}{\partial \lambda}=-\frac{\theta_3 d_0+\theta_1 r}{(1+\lambda)^2}+\frac{(1-\tau)r+a(\lambda)}{(1+\lambda)^2}+a'(\lambda)\frac{\lambda}{1+\lambda}=0 \tag{3.26}$$

が得られる[11]．(3.26)から，

$$\theta_3 d+\theta_1 r-(1-\tau)r=a(\lambda^*)+a'(\lambda^*)\lambda^*(1+\lambda^*) \tag{3.27}$$

が成立する．ここで λ^* は，図3.1に見られるように，(3.27)を満たす最適負債－自己資本比率である．

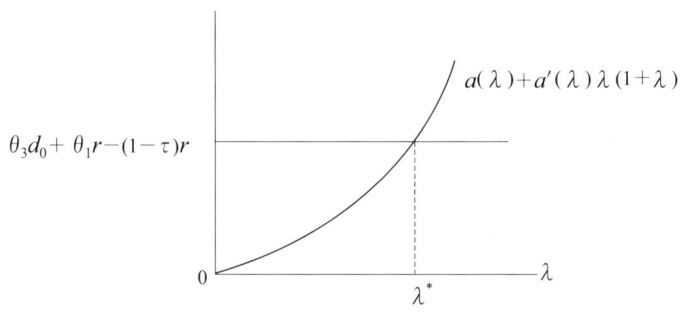

図3.1　最適負債－自己資本比率

(3.27)右辺は，$A = a(\lambda) + a'(\lambda)\lambda(1+\lambda)$ とおくと，

$$\frac{\partial A}{\partial \lambda} = (1+\lambda)[2a'(\lambda) + \lambda a''(\lambda)] > 0 \tag{3.28}$$

であるから，λ に関して増加関数であり，$\lambda = 0$ のときゼロとなる．したがって，次のことが成り立つ．

$$\theta_3 d_0 + \theta_1 r > (1-\tau)r \quad \Leftrightarrow \quad \lambda^* > 0 \tag{3.29}$$

すなわち，最適負債－自己資本比率 λ^* が正で，正の最適資本構成が存在するためには，自己資本の調達コスト（$\theta_3 d_0 + \theta_1 r$）が，負債の調達コストである負債の実効利子率より高くなければならない．逆に，もし，$\theta_3 d_0 + \theta_1 r \leq (1-\tau)r$ なら，$\lambda^* = 0$ となり，負債による資金調達は行われないことになる．以下では，(3.29)が満たされると仮定する．また，(3.27)から明らかなように，最適負債－自己資本比率 λ^* は，各種パラメータに変化がない限り，時間を通じて一定である．したがって，配当政策を一定に維持する限り，最適資本コスト ω も時間を通じて一定となる．

$$\omega(t) = \omega^* = \frac{\theta_3 d + \theta_1 r}{1+\lambda^*} + [(1-\tau)r + a(\lambda^*)]\frac{\lambda^*}{1+\lambda^*} \quad (3.30)$$

ここで，各パラメータの変化が最適な負債－自己資本比率 λ^* および最適資本コスト ω^* に及ぼす効果を調べてみよう (比較静学)．まず，λ^* に及ぼす効果について．(3.27)右辺は λ^* に関して単調増加であるから，(3.27)左辺が上昇すれば，λ^* は上昇し，その逆も成立する．そこで，τ, β_1, β_2, d_0 についてみると，表3.1の通りである．負債利子率 r に関しては，

$$\frac{\partial \lambda^*}{\partial r} \gtreqless 0 \quad \Leftrightarrow \quad \theta_1 r \gtreqless (1-\tau)r \quad (3.31)$$

が成立する．すなわち，負債利子率の最適負債－自己資本比率に及ぼす影響は，税パラメータに依存し，$\theta_1 r > (1-\tau)r$ で，負債のコストが自己資本のコストより割安な場合には，負債－自己資本比率は上昇し，負債をより多く利用する財務政策に変更される．

次に，負債利子率 r の変化が最適資本コスト ω^* に及ぼす効果をみるために，(3.30)を λ と r に関して全微分し，$\lambda=\lambda^*$ で評価すると，次の結果を得る．

$$\frac{\partial \omega^*}{\partial r} = \frac{\theta_1 + \lambda^*(1-\tau)}{1+\lambda^*} > 0$$

同様に，capital gain税率 β_3 に関しては，次の結果が得られる．

$$\frac{\partial \lambda^*}{\partial \beta_3} \gtreqless 0 \quad \Leftrightarrow \quad \theta_1 r \gtreqless \theta_2 d_0 \quad (3.32)$$

r, τ, β_1, β_2, d_0 については，表3.1の通りである．とくに，$d_0=0$ の場合には，$\partial \lambda^*/\partial \beta_3 > 0$ である．また，capital gain税率 β_3 に関しては，λ^* のケースとまったく同様に，

$$\frac{\partial \omega^*}{\partial \beta_3} \gtreqless 0 \quad \Leftrightarrow \quad \theta_1 r \gtreqless \theta_2 d_0 \quad (3.33)$$

となる．なお，$d_0=0$の場合には，$\partial \omega^*/\partial \beta_3 > 0$である．

表3.1　比較分析

	r	τ	β_1	β_2	β_3	d_0	δ	μ	K_0
λ^*	$\pm$	$+$	$-$	$+$	$\pm$	$+$	0	0	0
ω^*	$+$	$-$	$-$	$+$	$\pm$	$+$	0	0	0

以上から，企業価値最大化の第1段階で最適な負債－自己資本比率λ^*と最適な資本コストω^*が決定される．しかし，このことは，負債Bおよび自己資本zEの水準が決定されることを意味しない．その比率(最適資本構成)$\lambda=B/zE$が決定されたにすぎない．最適な負債$B^*(t)$および株価水準$z(0)$は，最適化の第2段階において，実物面の最適投資政策$I(t)$と同時に決定される．なお，企業は，初期時点において最適な負債水準$B^*(0)$を選択できるものと仮定する[12]．このような仮定の正当化は次のように考えることができる．まず，この企業が初期時点で設立される場合，最初に一括して$B^*(0)$だけの負債を発行して営業を始めるものと考える．また，すでに存続中の企業の場合には，初期負債水準は任意の値ではなく，初期時点の株価$z(0)$と最適負債－自己資本比率λ^*に対応して，すでに調整されていると考えるのである．かくして，初期時点の最適負債水準$B^*(0)$は，初期時点の株価$z(0)$と同時に決定されなければならないが，この問題は，次節以降で検討される．

さて最後に資本蓄積方程式として，

$$\dot{K} = I - \mu K, \quad K(0) = K_0 \qquad (3.34)$$

が仮定される．ここでμは，物理的な資本減耗率である．

以上を要約すると，企業価値最大化の第2段階の問題は以下のように表される．

$$\underset{I}{Max}\ V(0) = \int_0^\infty \Phi(K,\ I)e^{-\omega^* t}dt \qquad (3.35)$$

subject to

$$\dot{K} = I - \mu K, \quad K(0) = K_0 \tag{3.34}$$

$$\Phi(K, I) = (1-\tau)[R(K) - C(I)] - I + \tau\delta K \tag{3.36}$$

$$\omega^* = \frac{\theta_3 d_0 + \theta_1 r}{1+\lambda^*} + [(1-\tau)r + a(\lambda^*)]\frac{\lambda^*}{1+\lambda^*} \tag{3.37}$$

$$\theta_3 d_0 + \theta_1 r - (1-\tau)r = a(\lambda^*) + a'(\lambda^*)\lambda^*(1+\lambda^*) \tag{3.27}$$

第5節　最適経路と新規株式発行

　前節で定式化された最適制御問題に対する必要条件は次のように示される。まず，ハミルトニアンを，

$$H = (1-\tau)[R(K) - C(I)] + \tau\delta K - I + q(I - \mu K) \tag{3.38}$$

とおくとき，以下の条件を満たす連続関数 $q(t)$ が存在しなければならない．ここで，q は状態変数 K に対する current value の補助変数 (costate variable) であり，いわゆる「Tobinの限界的q」と呼ばれているものである．

$$\dot{q} = (\omega^* + \mu)q - [(1-\tau)R'(K) + \tau\delta] \tag{3.39}$$

$$q = 1 + (1-\tau)C'(I) \tag{3.40}$$

なお，次の横断条件が仮定される．

$$\lim_{t\to\infty} e^{-\omega^* t} q(t) K(t) = 0 \tag{3.41}$$

微分方程式体系(3.34)(3.39)で表される解の行動を示したのが図3.2である．定常点Eは鞍点であり，最適経路はE点へ収束する2本の安定経路で示される．なお，定常点では，

$$\tilde{I} = \mu \tilde{K} \tag{3.42}$$

$$\tilde{q} = \frac{(1-\tau)R'(\tilde{K}) + \tau\delta}{\omega^* + \mu} \tag{3.43}$$

$$\tilde{q} = 1 + (1-\tau)C'(\tilde{I}) \tag{3.44}$$

が成立している．

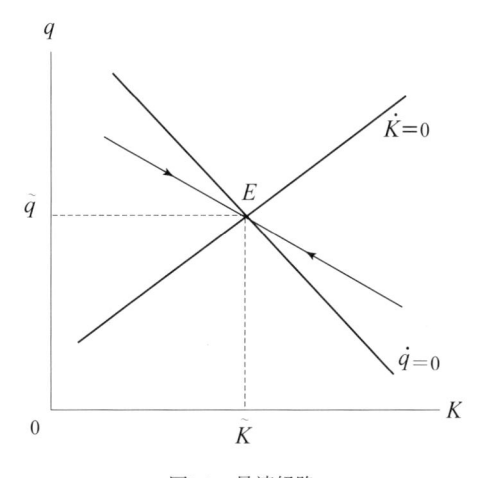

図3.2 最適経路

本章で分析している投資モデルにおいては，最適負債－自己資本比率が内点解として決定され，かつ最適資本コストが内生的に決定される．また，投資や生産といった実物的変数の決定と資本コストや負債－自己資本比率といった財務的変数の決定が分離されている．しかし，最適投資経路に対応して最適資本コストと最適負債－自己資本比率が一意的に決定されるにしても，これらと整合的な負債および新株の発行政策は一対一で対応して

いるわけではなく,多数の可能なパターンが存在する.すなわち,最適負債－自己資本比率を変化させない限りにおいて,株価,発行済み株式数および負債水準には一定の自由度が存在する.

前節で述べたように,最適資本コストω^*および最適負債－自己資本比率λ^*は,配当政策d_0,負債利子率r,負債のagency cost関数$a(\lambda)$,および税制パラメータθ_1, θ_3, τにのみ依存して決定される.負債水準Bや発行済株式数Eは,最適なλ^*を維持する水準でなければならない.また,新規株式発行$\dot{E}$はnet cash flowに影響を与えないので,結局,投資資金の調達に新規株式発行が利用されるかどうかは最適投資政策,したがって,企業価値に影響しない.では,最適投資経路と整合的な株式発行数E,株価水準zおよび負債水準Bといった財務変数の最適経路はいかに決定されるのであろうか.あるいは,それらの一意的な最適水準は存在しないのであろうか.以下,この問題を検討する.

まず初期発行株式数と株価の成長率が次のように与えられている.

$$E(0)=E_0>0 \tag{3.45}$$

$$\frac{\dot{z}}{z}=\theta_1 r-\theta_2 d_0=\hat{z} \tag{3.46}$$

ここで,(3.46)は資本市場の裁定条件(3.8)から得られたものである.株価成長率$\hat{z}$は,負債利子率r,税制パラメータθ_1, θ_2および配当政策d_0にのみ依存しており,とくに,株価成長率$\hat{z}$と配当政策d_0との間にはトレードオフの関係がある.

そこで,初期株価水準$z(0)$と初期負債水準$B(0)$がどのように決定されるかを検討しよう.まず,初期時点の企業価値が次のように定義される.

$$V(0)=B(0)+z(0)E_0 \tag{3.47}$$

ここで,初期負債水準$B(0)$は外生的に所与ではなく,モデルの中で内生的に解かれる変数として定式化されている.そこで,資本コストω^*の下で最大化された初期時点の企業価値を$V(0)=V^*$とおくと,(3.47)から,

$$B(0) = V^* - E_0 z(0) \tag{3.48}$$

が得られる (図3.3参照). 他方, 最適負債－自己資本比率 λ^* が与えられているので, その定義式より,

$$B(0) = \lambda^* - E_0 z(0) \tag{3.49}$$

が得られる. 初期負債水準と初期株価水準は, 図3.3で示されるように, (3.48)(3.49)を示す2本の曲線の交点で決定される. したがって, 最適な初期株価水準は, 初期負債水準とともに, 以下のように決定される.

$$z(0) = \frac{V^*}{(1+\lambda^*)E_0} \tag{3.50}$$

$$B(0) = \frac{\lambda^*}{1+\lambda^*} V^* \tag{3.51}$$

これら最適な初期株価水準および初期負債水準は, 新規株式発行が行われないケースで得られるものと同一水準であり, 新株発行の可能性に依存しない.

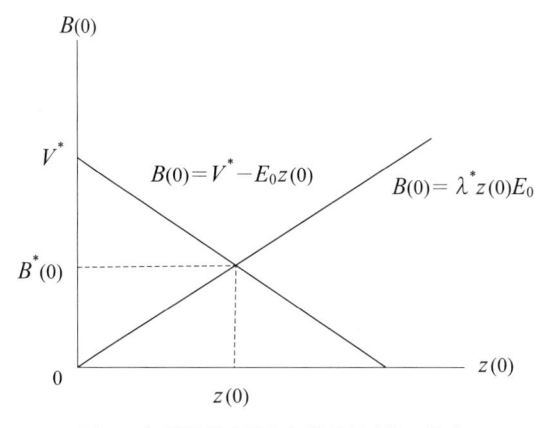

図3.3 初期負債水準と初期株価水準の決定

次に，新株発行政策を検討してみよう．まず，最適な負債－自己資本比率は時間を通じて一定であるから，

$$\frac{\dot{\lambda}^*}{\lambda^*} = \frac{\dot{B}}{B} - \frac{\dot{z}}{z} - \frac{\dot{E}}{E} = 0 \tag{3.52}$$

が成立する．したがって，

$$\frac{\dot{B}}{B} = \frac{\dot{E}}{E} + \hat{z} \tag{3.53}$$

が得られる．この(3.53)，すなわち，$\dot{\lambda}=0$-locusは，負債－自己資本比率を変化させない，負債成長率，株式成長率および株価成長率の間の関係を示している．

次に，投資資金の調達を示す次式が成立する．

$$\tilde{I} = I - RE = \dot{B} + z\dot{E} \tag{3.54}$$

ここで，投資はまず内部留保が充てられると想定すれば，内部留保REを越えて必要な投資資金$\tilde{I}$は，負債もしくは時価での新規株式発行で調達されなければならないことになる．すでに述べたように，新規負債発行$\dot{B}$および新規株式発行数$\dot{E}$の決定は，最適投資経路の決定から分離されている．問題は，最適投資経路から必要とされる各時点の内部留保を越えて必要な投資資金$\tilde{I}$を$\dot{B}$と$z\dot{E}$にどのように割り当てるかということである．そこで，(3.54)から，

$$\frac{\dot{B}}{B} = \frac{\dot{I}}{E} - \frac{1}{\lambda^*}\frac{\dot{E}}{E} \tag{3.55}$$

を得る．このとき，図3.4で示されるように，最適な負債の成長率と新規発行株式数の成長率が，$\dot{\lambda}=0$-locus(3.53)と(3.55)を表す曲線の交点で決定される．結果として次式を得る．

$$\frac{\dot{E}}{E} = \frac{\lambda^*}{1+\lambda^*}\left(\frac{\tilde{I}}{B} - \hat{z}\right) \tag{3.56}$$

(3.56)から明らかなように，負債に対する必要投資資金$\tilde{I}/B$が株価成長率$\hat{z}$を上回る場合に新規株式発行が行われ，それ以下なら新株発行での資金調達は行われない．これが新株発行を決定する基本的関係である．λ^*を維持しながら必要投資資金を調達するためには，株価の上昇か新株発行が必要となるからである．

$$\frac{\dot{B}}{B} = \frac{\dot{E}}{E} + \hat{z}$$

$$\frac{\dot{B}}{B} = \frac{\tilde{I}}{B} - \frac{1}{\lambda^*}\frac{\dot{E}}{E}$$

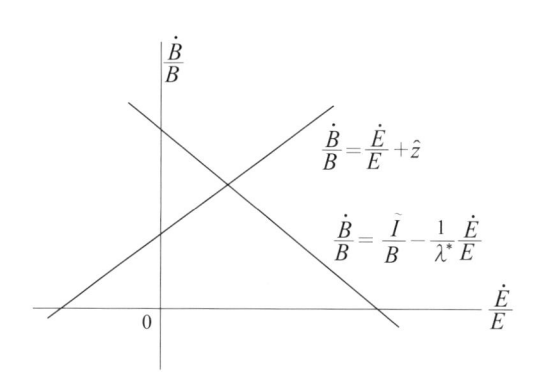

図3.4 新株発行政策の決定

次に，株価成長率がゼロや負の場合も含めて可能な財務政策のパターンを検討してみよう．まず，(3.46)から明らかなように，株価成長率$\hat{z}$の符号に関して以下のような3つのケースが存在する．

ケース①　$\hat{z}>0$　⟷　$\theta_1 r > \theta_2 d_0$

ケース②　$\hat{z}=0$　⟷　$\theta_1 r = \theta_2 d_0$

ケース③　$\hat{z}<0$　⟷　$\theta_1 r < \theta_2 d_0$

ケース①は，配当政策d_0が相対的に低く設定され，企業は配当よりキャピタルゲインを重視するスキームを採用している．ケース③は，その逆である．そこでこれら3つのケースに対応した可能な財務政策のパターンを検討する．なお以下では，必要投資資金が正のケース $(\tilde{I}>0)$ を扱う．

ケース①　$\hat{z}>0$　キャピタルゲイン重視の配当政策

この場合, $\dot{B}/B$ と $\dot{E}/E$ の符号に関して可能なパターンは, 以下3つのケースが存在する. (a)では, 株式数の成長率より負債の成長率が高くなるが, 必要投資資金が少なくなるにつれまず新株の発行が停止され, さらに必要投資資金が少なくなると負債を増加させながら株式の減資を行うことになる. このケースでは, 負債による資金調達が中心となる.

(a) $\dfrac{\dot{B}}{B} > 0, \quad \dfrac{\dot{E}}{E} > 0$: 負債増加, 新株発行政策

(b) $\dfrac{\dot{B}}{B} > 0, \quad \dfrac{\dot{E}}{E} = 0$: 負債増加, 新株発行ゼロ政策

(c) $\dfrac{\dot{B}}{B} > 0, \quad \dfrac{\dot{E}}{E} < 0$: 負債増加, 株式減資政策

ケース② $\hat{z} = 0$

この場合, $\dot{B}/B$ と $\dot{E}/E$ の符号に関して可能なパターンは, 以下の2つのケースが存在する. 株価成長率がゼロのこのケースでは, 負債と新株発行を行うとすればその成長率は等しくなければならない.

(a) $\dfrac{\dot{B}}{B} = \dfrac{\dot{E}}{E} > 0$: 負債増加, 新株発行政策

(b) $\dfrac{\dot{B}}{B} = \dfrac{\dot{E}}{E} = 0$: 新規負債ゼロ, 新株発行ゼロ政策

ケース③ $\hat{z} < 0$ キャピタルゲインより配当を重視

この場合, $\dot{B}/B$ と $\dot{E}/E$ の符号に関して可能なパターンは, 以下の2つのケースが存在する. 必要投資額はまず新株発行で調達され, さらに必要投資額が増加すると, 新株に加えて負債の追加発行を行うことになる. このケースでは, 新株発行による資金調達が中心となる.

(a) $\dfrac{\dot{B}}{B} > 0, \quad \dfrac{\dot{E}}{E} > 0$: 負債増加, 新株発行政策

(b) $\dfrac{\dot{B}}{B} < 0, \quad \dfrac{\dot{E}}{E} > 0$: 負債償還, 新株発行政策

第6節 結語

　以上，企業の資金調達を組み込んだ投資モデルを検討した．定式化されたモデルの特徴および得られた結果は，第1に，資金調達と投資経路が最適解として同時に決定される投資モデルであること，第2に，企業価値を表す目的関数が，割引率としての役割を果たす資本コストとともに内生的に導出されるという点，そして第3に，負債のagency cost関数によって，最適な負債－自己資本比率，すなわち，最適資本構成が内点解として決定され，あわせて，最適資本コストが負債－自己資本比率の関数として内生的に求められていることである．結果として，投資と資金調達との密接な関係が導かれた．すなわち，投資はTobinの限界的qに依存するが，このqが資本コストに依存し，さらにこの資本コストが財務的変数である負債－自己資本比率に依存するという関係である．

　また，最適投資経路と整合的な企業の財務政策のパターンを検討した．本章で考察したモデルは，負債のagency cost関数により，最適な負債－自己資本比率が内点解として決定され，時間を通じて一定であるという特徴を持っている．この特徴が，このモデルにおける企業の財務政策に反映されている．その際，負債の増発や新株発行に固有な費用を考慮しなかった．実際上は，こういった資金調達には発行に伴う手数料等さまざまな費用の存在も考えられ，そういった点を考慮することにより，負債と新株発行に関する可能なパターンの中から，一意的な資金調達をもたらすルールを見いだすことができるであろう．

注

＊　本章と次章は，阿部 (2000, 2001) を統合した上で加筆再整理したものである．
(1)　投資資金がどのように調達されるかという点に関する従来の扱いについては，Hayashi (1985) のように，「Q理論についてのこれまでの研究では，投資はretained profitsによってすべて調達されるか，外生的に与えられる投資の一定割合がdebtで

(1) 調達される」との見方がある一方，Brock and Turnovsky (1981) のように，「伝統的なマクロのテキストでは，すべての民間投資はborrowingによってfinanceされると仮定している」という解釈もあり，必ずしも統一されていない観がある．

(2) Osterberg (1989) は，マクロ的一般均衡論の枠組みで定式化されたBrock and Turnovsky (1981) に負債のagency cost関数を導入して最適負債－自己資本比率（最適資本構成）が内点解として決定されるモデルを定式化した．彼らの論文では，家計部門が資本コストを決定するという点が強調されているが，本章では，企業部門だけを取り扱うモデルとして定式化している．なお，Turnovsky (2000) では，Osterberg (1989) のモデルがBrock and Turnovsky (1981) のモデルと異なっている点として次の4点をあげている．①投資に伴う調整費用がモデルに組み込まれていること，②労働がfixedであること，③政府は，貨幣も債券も発行しないこと，④唯一のdistortionaryな税は法人税率であること．また，鴨池 (1986, 1987, 1990) においても独自に，目的関数としての企業価値および割引率が類似の定式化によって内生的に導出されている．

(3) 「企業が企業価値あるいは株価を最大化するときに，純収入 (net cash flow) の流列を割り引く利子率，すなわち，資本コストは何が適当かという問題が起きる．」永谷 (1982) p.102．なお，永谷 (1982) では，企業価値最大化と株価最大化は同値であると主張している．

(4) 若杉 (1988) では，負債のagency costを，「債権者が株主との間で債権債務契約を結ぶのに要する費用およびその契約を完全に実現させようと意図することから生ずるところの，株主が負担しなければならない諸費用」と定義している．

(5) このような減価償却の定式化は，鴨池 (1990) による．なお(3.5)の段階では，減価償却分の支出は含まれていないので，内部留保には法定減価償却分が含まれている．

(6) このdは，配当のpay-out ratioと呼ばれるものである．Brock and Turnovsky (1981) 参照．また，Brock and Turnovsky (1981) では，d_0をlegal minimum pay out rateと呼んでいる．なお，Auerbach (1984) でも同様の仮定を置いている．

(7) ここで，企業価値は無限の将来においてρ_t以上の率で成長しないものとし，$\lim_{t \to \infty} V(t)e^{-\rho_t} = 0$を仮定している．

(8) たとえば, Brock and Turnovsky (1981) やAuerbach (2002) でも $\theta_3>0$ を仮定している.

(9) 企業金融に関する文献Brealey and Myers (1996) でも，資本コストを「平均資本コスト (weighted-average cost of capital, WACC)」として $r=r_D\dfrac{D}{V}+r_E\dfrac{E}{V}$ と定義している．しかし，そこで，資本コストは内生的に決定されるわけではない．ここで，r は資本の機会費用 (すなわち「資本コスト」)，r_D は負債の期待収益率 (すなわち「負債のコスト」)，r_E は自己資本の期待収益率 (すなわち「自己資本のコスト」)，D/V と E/V は，それぞれ，企業価値に占める負債と自己資本の比率である．

(10) ここで，$\theta_1=1$，$\theta_3=0$，$\tau=0$，$a(\lambda)=0$ を(3.16)に代入すると，$\omega=r$ が得られる.

(11) ここで，ω 最小化の十分条件が満たされていると仮定する．十分条件は，(3.28)のもとで，負債のエージェンシーコスト関数の形状に依存するが，たとえば，$a(\lambda)=\lambda^2$ の場合，十分条件 $\partial^2\omega/\partial\lambda^2>0$ は満たされている．

(12) 技術的には，状態変数の初期時点でのjumpを許すという方法もある．Brock and Turnovsky (1981) も，初期負債水準が任意の初期水準ではモデル内で整合的でないという指摘を行っており，その解決策としての初期負債水準のjumpについて述べている (p.185, footnote 4)．

第4章　企業税制と投資の比較動学分析

第1節　はじめに

　第3章で検討した企業価値最大化モデルは，構造的に見れば，第2章の調整費用型投資モデルときわめて類似している．投資減税と減価償却制度が省略されているが，割引率が利子率から資本コストに替わっただけである．その意味で，第3章の企業価値最大化モデルは，調整費用型投資モデルに資金調達の側面を取り入れた自然な一般化モデルとなっている．

　本章では，第3章で展開した企業価値最大化モデルを利用して，法人税率などのパラメータの変化が，企業価値および投資行動へ及ぼす効果に関する比較動学分析を行う．企業価値最大化モデルでは，財務的変数がすべて資本コストに含まれており，各種パラメータの変化が，この資本コストを経由して投資にどのような影響を与えるかがポイントである．とくに，法人税率が変化した場合の分析結果が，第2章の資金調達を含まない場合とどのような違いがあるかを明らかにする．第2章の調整費用型投資モデルでは，法人税率の引き下げは，税引後の利潤を増加させる効果と減価償却制度に基づく節税効果が相反する方向に作用するため，必ずしも一義的な結果を示せない，というのが第2章で得られた結果であった．本章のモデルの場合，調整費用型投資モデルの延長線上にあるため，依然として，法人税率変化の効果は明確ではなく，むしろ，net cash flowへの影響に加えて，資本コスト経由で投資に及ぼす影響があるため，分析結果はより複

雑になっている．そこで，本章では，法人税率の投資への影響に関する，調整費用型投資モデルの場合に対応した「中立性条件」が明らかにされる．

第2節　企業価値および投資とパラメータの変化

まず，第2章の調整費用型投資モデルの場合と同様の比較動学分析の枠組みを導入しておく．いまパラメータが，$\theta = (r, \tau, \beta_1, \beta_2, \beta_3, d_0, \delta, \mu, K_0)$のとき，これに対応する最適経路を$\{K(t,\theta), I(t,\theta), : t \in [0,\infty)\}$とすると，企業価値$V(\theta)$は次のように示される．

$$V(\theta) = \int_0^\infty \{(1-\tau)[R(K(t,\theta)) - C(I(t,\theta))] + \tau\delta K(t,\theta) - I(t,\theta)\} e^{-\omega^* t} dt \tag{4.1}$$

ここで，次のような新しい変数を定義する．

$$v(0, \theta) = 0 \tag{4.2}$$

$$\dot{v}(t, \theta) = e^{-\omega^* t}\{(1-\tau)[R(K(t,\theta)) - C(I(t,\theta))] + \tau\delta K - I(t,\theta)\} \tag{4.3}$$

そこで，以下の微分方程式体系について考察していく．

$$\dot{K}(t,\theta) = I[q(t,\theta)] - \mu K(t,\theta) = \alpha[K(t,\theta), q(t,\theta), \theta] \tag{4.4}$$

$$\dot{v}(t,\theta) = e^{-\omega^* t}\{(1-\tau)[R(K(t,\theta)) - C(I(t,\theta))] + \tau\delta K(t,\theta) - I(t,\theta)\}$$
$$= \beta[K(t,\theta), q(t,\theta), \theta] \tag{4.5}$$

$$\dot{q}(t,\theta) = (\omega^* + \mu)q(t,\theta) - [(1-\tau)R'(K(t,\theta)) + \tau\delta]$$
$$= \gamma[K(t,\theta), q(t,\theta)] \tag{4.6}$$

なお，企業価値とパラメータの関係を導出する場合には，(4.4)と(4.5)が利用され，投資とパラメータの関係を見る場合には，(4.4)と(4.6)が使われる．ここで，特定のパラメータの変化について考える前に一般的な準備をしておく．(4.4)(4.5)(4.6)を任意のパラメータ θ_i で微分すると以下が得られる．

$$\frac{\partial \dot{K}}{\partial \theta_i} = \dot{K}_{\theta_i}(t,\theta) = \alpha_K K_{\theta_i} + \alpha_q q_{\theta_i} + \alpha_{\theta_i} \tag{4.7}$$

$$\frac{\partial \dot{v}}{\partial \theta_i} = \dot{v}_{\theta_i}(t,\theta) = \beta_K K_{\theta_i} + \beta_q q_{\theta_i} + \beta_{\theta_i} \tag{4.8}$$

$$\frac{\partial \dot{q}}{\partial \theta_i} = \dot{q}_{\theta_i}(t,\theta) = \gamma_K K_{\theta_i} + \gamma_q q_{\theta_i} + \gamma_{\theta_i} \tag{4.9}$$

ここで，

$$\alpha_K = -\mu < 0$$

$$\alpha_q = \frac{1}{(1-\tau)C''(I)} > 0$$

$$\beta_K = e^{-\omega^* t}[(1-\tau)R'(K) + \tau\delta] > 0$$

$$\beta_q = -e^{-\omega^* t}\frac{1 + (1-\tau)C'(I)}{(1-\tau)C''(I)} < 0$$

$$\gamma_K = -(1-\tau)R''(K) > 0$$

$$\gamma_q = \omega^* + \mu > 0$$

である．そこで，各パラメータの変化が企業価値に及ぼす効果を見ていく．最初は，初期資本ストック K_0 を取り上げる．調整費用型モデルの場合と同

様，補助変数$q(0)$が，初期資本ストックのシャドープライスとして経済的意味付けが可能なことを示す．(4.7)(4.8)に$\theta_i=K_0$を代入して整理すると次式を得る．

$$\dot{K}_{K_0}(t,\theta)=-\mu K_{K_0}(t,\theta)+\frac{1}{(1-\tau)C''(I)}q_{K_0}(t,\theta) \tag{4.10}$$

$$\dot{v}_{K_0}(t,\theta)=e^{-\omega^* t}[(1-\tau)R'(K)+\tau\delta]K_{K_0}(t,\theta)$$
$$-e^{-\omega^* t}\frac{1+(1-\tau)C'(I)}{(1-\tau)C''(I)}q_{K_0}(t,\theta) \tag{4.11}$$

そこで，(4.10)$\times e^{-\omega^* t}[1+(1-\tau)C'(I)]+$(4.11)を計算し，$q_{K_0}(t,\theta)$を消去すると次式を得る．

$$\dot{v}_{K_0}(t,\theta)+\frac{d}{dt}\left[K_{K_0}(t,\theta)q(t,\theta)e^{-\omega^* t}\right]=0 \tag{4.12}$$

そこで，(4.12)の両辺を積分すると次式を得る．

$$v_{K_0}(\infty,\theta)-q_{K_0}(0,\theta)=0 \tag{4.13}$$

$$\therefore \frac{\partial V(\theta)}{\partial K_0}\equiv V_{K_0}(0)=q(0,\theta) \tag{4.14}$$

すなわち，補助変数$q(0)$は，初期資本ストックのシャドープライス，すなわち，「初期資本ストックの限界的企業価値」に等しい．

その他のパラメータに関しても同様の分析が可能であるが，類似の結果を持つものもあるので，9つのパラメータ，$\theta=(r,\tau,\beta_1,\beta_2,\beta_3,d_0,\delta,\mu,K_0)$を以下のようなグループに分ける．

(1) 最適資本コストω^*にのみ影響を及ぼすパラメータ：$r,\beta_1,\beta_2,\beta_3,d_0$

(1-a) ω^*に正の効果を持つパラメータ：r,β_2,d_0

(1-b) ω^*に負の効果を持つパラメータ：β_1

(1-c) ω^*に正負の効果を持つパラメータ：β_3

(2) net cash flowと最適資本コスト ω^* の両方に影響を及ぼすパラメータ：τ

(3) net cash flowにのみ影響を及ぼすパラメータ：δ

(4) その他のパラメータ：μ, K_0

そこで，それぞれのグループの1つについて，結果だけを示すと以下の通りである．

$$(1) \quad \frac{\partial V(\theta)}{\partial r} = -\int_0^\infty t e^{-\omega^* t}\{(1-\tau)[R(K(t,\theta))-C(I(t,\theta))] + \tau\delta K(t,\theta)-I(t,\theta)\}\omega_r^* < 0 \quad (4.15)$$

$$(2) \quad \frac{\partial V(\theta)}{\partial \tau} = -\int_0^\infty t e^{-\omega^* t}\{[R(K)-C(I)]-\delta K\}dt$$
$$-\int_0^\infty t e^{-\omega^* t}\{(1-\tau)[R(K)-C(I)]+\tau\delta K-I\}\omega_\tau^* dt \quad (4.16)$$

$$(3) \quad \frac{\partial V(\theta)}{\partial \delta} = \int_0^\infty e^{-\omega^* t}\tau K dt > 0 \quad (4.17)$$

$$(4) \quad \frac{\partial V(\theta)}{\partial \mu} = -\int_0^\infty e^{-\omega^* t}q(t)K(t)dt < 0 \quad (4.18)$$

まず，(1)の資本コストにのみ影響を及ぼすパラメータのうち，正の効果を持つr, β_2, d_0の場合，割引率の上昇が持つ効果と同一であるが，割引率の上昇は全計画期間を通じてnet cash flowの現在価値を減少させることを示している．また，負の効果を持つβ_1の場合は，逆に，全計画期間を通じてnet cash flowの現在価値を高めることを意味している．また，(2)の法人税率の場合，その変化はnet cash flowおよび資本コストの両方に影

響を与え，企業価値への効果は確定できない．さらに，法定減価償却率 δ は，減価償却制度に基づく節税効果が作用して企業価値を高め，実際の資本減耗率の上昇は，net cash flowを減少させて企業価値を低めることになる．

第3節　最適資本コストにのみ影響を及ぼすパラメータの投資への効果

次に，上の分類にしたがって，各パラメータの変化が投資に及ぼす効果を見ていく．

(1-a)　ω^*に正の効果を持つパラメータ：r, β_2, d_0

r, β_2, d_0 は同じ効果を示すので，代表して負債利子率 r のケースを見ていく．まず，微分方程式体系(4.4)(4.6)を負債利子率 r で微分すると，次のような $[K_r(t), q_r(t)]$ に関する連立微分方程式を得る．

$$\begin{bmatrix} \dot{K_r} \\ \dot{q_r} \end{bmatrix} = \begin{bmatrix} -\mu & \dfrac{1}{(1-\tau)C''} \\ -(1-\tau)R'' & \omega^* + \mu \end{bmatrix} \begin{bmatrix} K_r \\ q_r \end{bmatrix} + \begin{bmatrix} 0 \\ \dfrac{\theta_1 + (1-\tau)\lambda^*}{1+\lambda^*} q \end{bmatrix} \quad (4.19)$$

ここで，(4.11)右辺の同次項の係数および非同次項の符号は，

$$\begin{bmatrix} - & + \\ + & + \end{bmatrix} \begin{bmatrix} 0 \\ + \end{bmatrix}$$

である．以上の準備の下で，解 $[K_r(t), q_r(t)]$ の可能な変化を示すと図4.1のようになる．ここで，(4.19)左辺をゼロと置くことにより，次のような境界条件が得られる．

$$K_r(0) = 0, \quad \tilde{K}_r < 0, \quad \tilde{q}_r < 0 \tag{4.20}$$

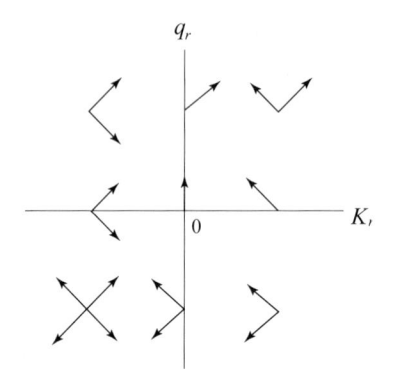

図4.1 負債利子率rの変化

(K_r, q_r)平面上における解$[K_r(t), q_r(t)]$の可能な変化パターンは，垂直軸上の負の部分から出発し，途中第2象限か第3象限内に位置し，最終的には第3象限内のある点に収束するものでなければならない．したがって，

$$q_r(0) < 0 \tag{4.21}$$

が得られる．このことから，

$$I_r(0) = \frac{q_r(0)}{(1-\tau)C''(I)} < 0 \tag{4.22}$$

となる．すなわち，負債利子率r(配当所得税率β_2および配当政策d_0も同様)の上昇は初期時点の投資を減少させる．

(1-b) ω^*に負の効果を持つパラメータ：β_1

次に，利子所得税率β_1の変化の効果を見てみよう．まず，微分方程式体系(4.4)(4.6)を利子所得税率β_1で微分すると次式を得る．

$$\begin{bmatrix} \dot{K}_{\beta_1} \\ \dot{q}_{\beta_1} \end{bmatrix} = \begin{bmatrix} -\mu & \dfrac{1}{(1-\tau)C''} \\ -(1-\tau)R'' & \omega^* + \mu \end{bmatrix} \begin{bmatrix} K_{\beta_1} \\ q_{\beta_1} \end{bmatrix} + \begin{bmatrix} 0 \\ \omega^*_{\beta_1} q \end{bmatrix} \tag{4.23}$$

この場合，(4.23)右辺の同次項の係数および非同次項の符号は，

$$\begin{bmatrix} - & + \\ + & + \end{bmatrix} \begin{bmatrix} 0 \\ - \end{bmatrix}$$

となる．解$[K_{\beta_1}(t), q_{\beta_1}(t)]$の可能な変化を示すと図4.2のようになる．ここで，境界条件は，

$$K_{\beta_1}(0)=0, \ \tilde{K}_{\beta_1}>0, \ \tilde{q}_{\beta_1}>0 \tag{4.24}$$

であり，したがって，$(K_{\beta_1}, q_{\beta_1})$平面上における解$[K_{\beta_1}(t), q_{\beta_1}(t)]$の可能な変化パターンは，垂直軸上の正の部分から出発し，途中第1象限か第4象限内に位置し，最終的には第1象限内のある点に収束するものでなければならない．したがって，

$$q_{\beta_1}(0) > 0 \tag{4.25}$$

を得る．このことから，

$$I_{\beta_1}(0) = \dfrac{q_{\beta_1}(0)}{(1-\tau)C''(I)} > 0 \tag{4.26}$$

となる．すなわち，利子所得税率β_1の引き上げは現在時点の投資を増加させる．これは，β_1の引き上げが株式市場の裁定条件により，株式収益率の下落を通じて資本コストを低下させるからと解釈できよう．

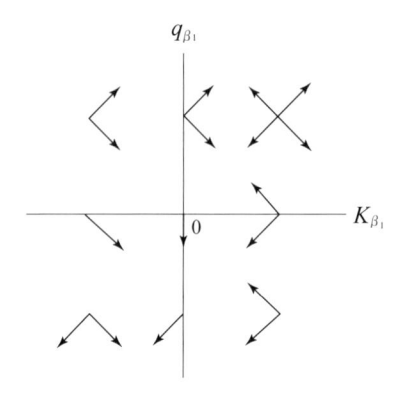

図4.2 利子所得税率 β_1 の変化

(1-c) ω^* に正負の効果を持つパラメータ：β_3

次に，capital gain税率変化の効果を見てみよう．第3章で見たように，capital gain税率 β_3 の変化が最適資本コスト ω^* に及ぼす影響は，以下のように，$\theta_1 r$ と $\theta_2 d_0$ の大小関係に依存する．

① $\dfrac{\partial \omega^*}{\partial \beta_3} > 0$ if $\theta_1 r > \theta_2 d_0$ (4.27)

② $\dfrac{\partial \omega^*}{\partial \beta_3} < 0$ if $\theta_1 r < \theta_2 d_0$ (4.28)

したがって，ケース①は，上のケース(1-a)：r, β_2, d_0 に帰着される．また，ケース②は，結局，ケース(1-b)：β_1 に帰着される．なお，配当政策 d_0 がゼロか十分に低い場合，それは，capital gain重視の政策となるが，ケース①となり，結果として，投資へはマイナスの効果を持つことになる．

第4節　法人税と投資

(2) net cash flowと最適資本コストω^*の両方に影響を及ぼすパラメータ：τ

次に，最も興味深い法人税率τの変化の影響を見てみよう．微分方程式体系(4.4)(4.6)を法人税率τで微分すると次式を得る．

$$\begin{bmatrix} \dot{K}_\tau \\ \dot{q}_\tau \end{bmatrix} = \begin{bmatrix} -\mu & \dfrac{1}{(1-\tau)C''} \\ -(1-\tau)R'' & \omega^* + \mu \end{bmatrix} \begin{bmatrix} K_\tau \\ q_\tau \end{bmatrix} + \begin{bmatrix} 0 \\ R'(K) - \delta + \omega_\tau^* q \end{bmatrix} \quad (4.29)$$

ここで(4.29)右辺の非同次項$R'(K) - \delta + \omega_\tau^* q$の符号が不明であるが，これが重要な役割を演じる．まず，$R'(K) - \delta + \omega_\tau^* q$は，生産面に及ぼす効果$R'(K)$，減価償却控除による節税効果$-\delta$，最適資本コストに及ぼす効果$\omega_\tau^* q$の和を表している．したがって，$\omega_\tau^* < 0$であることを考慮すると，生産面へのプラス効果が相対的に大きければ，$R'(K) - \delta + \omega_\tau^* q > 0$，逆に，減価償却控除による節税効果と最適資本コストを上昇させる効果が大きければ，$R'(K) - \delta + \omega_\tau^* q < 0$となる．$R'(K) - \delta + \omega_\tau^* q = 0$は，後述するように，投資が法人税率の変化に影響されない「中立的」なケースである．なお，$R'(K) - \delta + \omega_\tau^* q$の符号は，計画期間中に変化する可能性もあるが，以下では無限の将来にわたって符号が変化しないものとして以下のケース1〜3を検討する．

ケース1：$R'(K) - \delta + \omega_\tau^* q > 0$
この場合，(4.29)右辺の同次項の係数および非同次項の符号は，

$$\begin{bmatrix} - & + \\ + & + \end{bmatrix} \begin{bmatrix} 0 \\ + \end{bmatrix}$$

となる．これは，負債利子率rのケースと同じパターンであり，(K_τ, q_τ)の可能な変化も図4.1と同じである．また，境界条件は，

$$K_\tau(0)=0, \quad \tilde{K}_\tau<0, \quad \tilde{q}_\tau<0 \tag{4.30}$$

であり，(K_τ, q_τ) 平面上における解 $[K_\tau(t), q_\tau(t)]$ の可能な変化パターンは，垂直軸上の負の部分から出発し，途中第2象限か第3象限内に位置し，最終的には第3象限内のある点に収束するものでなければならない．したがって，

$$q_\tau(0)<0 \tag{4.31}$$

を得る．このことから，

$$I_\tau(0)=\frac{q_\tau(0)}{(1-\tau)C''(I)}<0 \tag{4.32}$$

となる．すなわち，この場合，法人税率 τ の引き下げは現在時点の投資を増加させ，投資刺激策として作用する．

ケース2：$R'(K)-\delta+\omega_\tau^* q<0$

この場合，(4.29)右辺の同次項の係数および非同次項の符号は，

$$\begin{bmatrix} - & + \\ + & + \end{bmatrix} \begin{bmatrix} 0 \\ - \end{bmatrix}$$

となる．これは，利子所得税率 β_1 のケースと同じパターンであり，解 $[K_\tau(t), q_\tau(t)]$ の可能な変化も図4.2と同じである．また，境界条件は，

$$K_\tau(0)=0, \quad \tilde{K}_\tau>0, \quad \tilde{q}_\tau>0 \tag{4.33}$$

であり，(K_τ, q_τ) 平面上における解 $[K_r(t), q_r(t)]$ の可能な変化パターンは，垂直軸上の正の部分から出発し，途中第1象限か第4象限内に位置し，最終的には第1象限内のある点に収束するものでなければならない．したがって，

$$q_\tau(0)>0 \tag{4.34}$$

を得る．このことから，

$$I_\tau(0) = \frac{q_\tau(0)}{(1-\tau)C''(I)} > 0 \tag{4.35}$$

となる．すなわち，この場合，法人税率 τ の引き下げは現在時点の投資を減少させる．

ケース3：$R'(K) - \delta + \omega_\tau^* q = 0$

この場合，(4.29)右辺の同次項の係数および非同次項の符号は，

$$\begin{bmatrix} - & + \\ + & + \end{bmatrix} \begin{bmatrix} 0 \\ 0 \end{bmatrix}$$

となる．この場合，境界条件は，

$$K_\tau(0) = 0, \ \tilde{K}_\tau = 0, \ \tilde{q}_\tau = 0 \tag{4.36}$$

であり，(K_τ, q_τ) 平面上における解 $[K_\tau(t), q_\tau(t)]$ の可能な変化パターンは，垂直軸上の正の部分および負の部分から出発すると，最終的に原点に到達できないので，結局，

$$q_\tau(0) = 0 \tag{4.37}$$

でなければならない．したがって，$I_\tau(0) = 0$ となり，法人税率の変化は投資に影響を与えないことになる．換言すれば，$R'(K) - \delta + \omega_\tau^* q = 0$ は，「中立性条件」ということになろう．

第5節　net cash flowにのみ影響を及ぼすパラメータの効果

(3) net cash flowにのみ影響を及ぼすパラメータ：δ

法定減価償却率δの変化の効果を分析する．微分方程式体系(4.4)(4.6)をδで微分すると次式を得る．

$$\begin{bmatrix} \dot{K}_\delta \\ \dot{q}_\delta \end{bmatrix} = \begin{bmatrix} -\mu & \dfrac{1}{(1-\tau)C''} \\ -(1-\tau)R'' & \omega^* + \mu \end{bmatrix} \begin{bmatrix} K_\delta \\ q_\delta \end{bmatrix} + \begin{bmatrix} 0 \\ q-\tau \end{bmatrix} \tag{4.38}$$

この場合，(4.38)右辺の同次項の係数および非同次項の符号は，$q>1$であるから，

$$\begin{bmatrix} - & + \\ + & + \end{bmatrix} \begin{bmatrix} 0 \\ + \end{bmatrix}$$

となる．このケースも，本質的に負債利子率rのケースと同じパターンである．境界条件，

$$K_\delta(0)=0, \quad \tilde{K}_\delta<0, \quad \tilde{q}_\delta>0 \tag{4.39}$$

を考慮し，解$[K_\delta(t), q_\delta(t)]$の可能な変化パターンから，

$$q_\delta(0)<0 \tag{4.40}$$

を得る．このことから，

$$I_\delta(0) = \frac{q_\delta(0)}{(1-\tau)C''(I)} < 0 \tag{4.41}$$

となる．すなわち，この場合，法定減価償却率δの引き上げは初期時点の投資を減少させる．

(4) その他のパラメータ：μ，K_0

次に，減価償却率μの変化の効果について見てみよう．微分方程式体系(4.4)(4.6)を減価償却率μで微分すると次式を得る．

第4章　企業税制と投資の比較動学分析　87

$$\begin{bmatrix} \dot{K}_\mu \\ \dot{q}_\mu \end{bmatrix} = \begin{bmatrix} -\mu & \dfrac{1}{(1-\tau)C''} \\ -(1-\tau)R'' & \omega^*+\mu \end{bmatrix} \begin{bmatrix} K_\mu \\ q_\mu \end{bmatrix} + \begin{bmatrix} -K \\ 0 \end{bmatrix} \quad (4.42)$$

この場合, (4.42)右辺の同次項の係数および非同次項の符号は,

$$\begin{bmatrix} - & + \\ + & + \end{bmatrix} \begin{bmatrix} - \\ 0 \end{bmatrix}$$

となる．ここで, 解$[K_\delta(t), q_\delta(t)]$の可能な変化を示すと図4.3のようになる．ここで, 境界条件は,

$$K_\mu(0)=0,\ \tilde{K}_\mu<0,\ \tilde{q}_\mu>0 \quad (4.43)$$

であり, (K_μ, q_μ)平面上における解$[K_\mu(t), q_\mu(t)]$の可能な変化パターンは, 垂直軸上の正の部分から出発し, 途中第1象限か第2象限内に位置し, 最終的には第2象限内のある点に収束するものでなければならない.

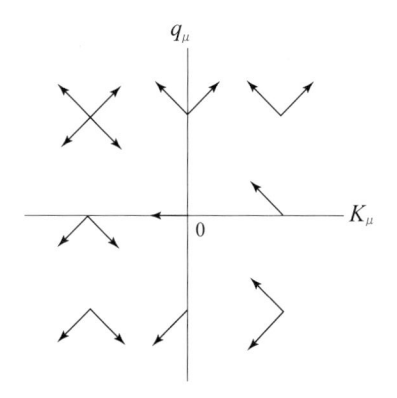

図4.3　減価償却率 μ の変化

したがって,

$$q_\mu(0)>0 \quad (4.44)$$

を得る．このことから，

$$I_\mu(0) = \frac{q_\mu(0)}{(1-\tau)C''(I)} > 0 \qquad (4.45)$$

となる．すなわち，この場合，減価償却率 μ の引き上げは現在時点の投資を増加させる．

最後に，初期資本ストック K_0 の変化の効果について見てみよう．微分方程式体系(4.4)(4.6)を初期資本ストック K_0 で微分すると次式を得る．

$$\begin{bmatrix} \dot{K}_{K_0} \\ \dot{q}_{K_0} \end{bmatrix} = \begin{bmatrix} -\mu & \dfrac{1}{(1-\tau)C''} \\ -(1-\tau)R'' & \omega^* + \mu \end{bmatrix} \begin{bmatrix} K_{K_0} \\ q_{K_0} \end{bmatrix} \qquad (4.46)$$

この場合，(4.46)右辺の係数の符号は，

$$\begin{bmatrix} - & + \\ + & + \end{bmatrix}$$

となる．解 $[K_{K_0}(t), q_{K_0}(t)]$ の可能な変化を示すと図4.4のようになる．
ここで，境界条件は，

$$K_{K_0}(0) = 1, \quad \tilde{K}_{K_0} = 0, \quad \tilde{q}_{K_0} = 0 \qquad (4.47)$$

であり，(K_{K_0}, q_{K_0}) 平面上における解 $[K_{K_0}(t), q_{K_0}(t)]$ の可能な変化パターンは，垂直線 $K_{K_0} = 1$ 上の負の部分から出発し，途中第4象限内に位置し，最終的には原点に収束するものでなければならない．したがって，

$$q_{K_0}(0) < 0 \qquad (4.48)$$

を得る．このことから，

$$I_{K_0}(0) = \frac{q_{K_0}(0)}{(1-\tau)C''(I)} < 0 \qquad (4.49)$$

となる．すなわち，この場合，初期資本ストックK_0の増加は，初期時点の投資$I(0)$を減少させる．

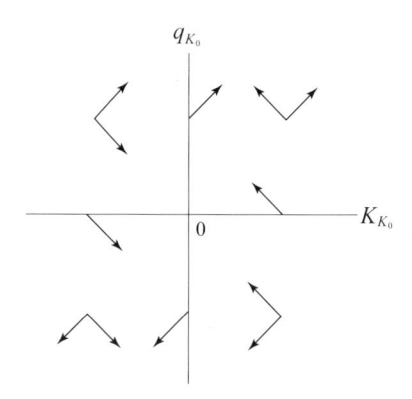

図4.4 初期資本ストックK_0の変化

以上の結果を要約すると以下の表4.1の通りである．

表4.1 パラメータの投資に及ぼす効果

		$I(0)$	
(1 - a)	r, β_2, d_0	$-$	
(1 - b)	β_1	$+$	
(1 - c)	β_3	$+$ $-$	if $\theta_1 r < \theta_2 d_0$ if $\theta_1 r > \theta_2 d_0$
(2)	τ	$+$ $-$	if $R'(K) - \delta + \omega_\tau^* q > 0$ if $R'(K) - \delta + \omega_\tau^* q < 0$
(3)	δ	$-$	
(4)	μ K_0	$+$ $-$	

第6節 結語

以上の比較動学に関する分析結果を要約しておこう（表4.1参照）．まず，負債利子率r，利子所得税率β_1，配当税率β_2，キャピタルゲイン税率β_3および最低配当率d_0は，割引率である資本コストにのみ含まれnet cash flowには含まれないので，資本コスト経由でのみ投資に影響を及ぼす．そして負債利子率，配当税率，および最低配当率の上昇は投資を抑制し，利子所得税率の上昇は投資に促進的効果を持つ．さらにキャピタルゲイン税率については，$\theta_1 r < \theta_2 d_0$で，企業がキャピタルゲインより配当を重視した政策をとっている場合には投資に促進的に，$\theta_1 r > \theta_2 d_0$でキャピタルゲイン重視の配当政策をとっている場合には抑制的に作用する．

次に法人税率τは資本コストおよびnet cash flowの両方に含まれており，生産面への効果，減価償却制度に基づく節税効果および資本コストへの効果の総合的効果に依存する．いま$\omega_\tau^* < 0$であるから，資本の限界収入生産物$R'(K)$が減価償却制度に基づく節税効果と資本コストへの効果和$(\delta - \omega_\tau^* q)$より大きい場合に，法人税率の上昇は投資に促進的な効果を持つことになる．

さらに，net cash flowにのみ影響を及ぼす法定減価償却率δの上昇は投資に抑制な効果を持つ．逆に実際の資本減耗率の上昇は投資に対して促進的に作用する．最後に，初期資本ストック水準K_0の上昇は，通常の調整費用型モデルの場合と同様，投資に抑制的な効果を持つ．

第5章 株価最大化モデル*

第1節 はじめに

　本章では,株価最大化モデルを取り上げ,配当の非負制約,負債の上限・下限制約および新株発行の非負制約を組み込んだ企業の動学的最適化問題を具体的に解くことによって,投資・財務に関する最適経路を導出し,その特徴を明らかにする.企業の設備投資行動をその資金調達まで含めて定式化する場合,企業価値最大化,株価最大化,配当の割引現在価値最大化など,目的関数の異なるモデルが展開されている.いずれのモデルも異時点間の動学的最適化問題として定式化されるが,それらモデルの間に差異はないと考えられることも多い.株価最大化モデルは,しばしば企業価値最大化と同値であると主張されるが[1],資金調達まで含めた投資行動の標準的な理論と考えられており,King (1974),Summers (1981),Poterba and Summers (1983),Hayashi (1985),Chirinko (1987),Bond and Meghir (1994),Auerbach (1979, 1984, 2002) など多くの研究がある.とくに,King (1974) は株価最大化モデルの先駆的研究であり,以後の研究に多くの影響を与えた.投資資金として,留保利潤,負債および新株発行をどのように利用すべきかという財務政策に関して,負債政策をどのように定式化するかが1つのポイントとなっている.King (1974) は,負債に対する下限制約 (非負制約) を設定しているが,上限制約を設定せず,負債を利用する場合には,ある所与の負債政策を実行すると仮定している.Poterba and Summers (1983) では,一定の負債－資本ストック

比率を仮定している．Hayashi (1985) は，倒産コストを考慮した自己資本価値 (ex-dividend equity value of the firm) を表す関数を導入することによって，また，Chirinko (1987) は，生産関数の中に負の効果を持つ新規負債発行を導入することによって，いずれも内点解としての最適負債政策を導出している．このような内点解を生じさせる何らかの工夫をしなければ，本章で検討する我々のモデルのように，最適負債政策は端点解となり，それに応じた最適経路が対応することになると考えられる．

本章のモデルから得られる結果は，Hayashi (1985) と共通する部分も多いが，連続型の定式化を行った我々のモデルでは，上記のように，負債政策に関して端点解の成立するケースであり，そのため負債に対する上限および下限制約を設定している．Hayashi (1985) における最適経路は，投資水準に対応した3つのregimeで構成されるが，我々のモデルでは，3つのregimeがさらにそれぞれ3つに細分化されており，9個のregimeが登場する．例えば，Hayashi (1985) では，投資規模が中位の場合に生じるとされるregime 2は，配当と新株発行をともにゼロにする状況であり，内点解としての最適負債政策が成立しているが，我々のモデルでは，その中に，all-debt financingから負債の償還過程を経て，all-equity financingの状態へ到達する経路が含まれる．

以上の株価最大化モデルは，いずれも株式と債券の間の裁定条件を前提としている．こういった方向の研究とは別に，主に，ヨーロッパの経済学者によって展開されてきた投資モデルがある．Ekman (1982)，Kort (1989)，Loon (1983)，Schijndel (1986, 1988) 等によって研究された投資モデルでは，簿価に基づくバランスシートや予算制約を基礎としている．裁定条件式は用いられず，目的関数が内生的に導出されているわけではないが，負債に上限および下限制約を設定して，配当の割引現在価値最大化モデルとして定式化されており，これらも，株価最大化モデルの一種と考えられ，本章の分析結果と多くの点で類似した結果が示されている．

ところで，本章は，株価最大化モデルの検討とともに，企業価値最大化モデルとの比較という目的を持っている．我々は，第3章において，

Brock and Turnovsky (1981) およびOsterberg (1989) を基礎に，企業価値最大化モデルを分析した．本章では，この企業価値最大化モデルとの比較を念頭に置きつつ，株価最大化モデルを検討する．2つのモデルは，目的関数および割引率が内生的に導出される点で共通点を持っている．また，裁定条件あるいは合理的な株価形成を前提としている点でも共通している．しかし，以下の分析を通じて，適用される割引率をはじめ，導出された最適財務・投資政策には少なからず相異点が存在することを明らかにする．

　本章の構成は以下の通りである．第2節で，株価最大化モデルが定式化され，第3節において，最適解の導出とその特徴が明らかにされる．第4節では，最適財務政策の特徴が詳細に検討される．第5節では，企業価値最大化モデルと株価最大化モデルの比較が行われる．最後に，第6節は結果の要約である．

第2節　裁定条件と株価最大化問題

　ここで検討する投資モデルは第3章の企業価値最大化モデルとほぼ同じ枠組みで構成されるが，後述のように，目的関数自体と負債のagency costがモデルに組み込まれていない点が異なる．資本Kと労働Lを利用してある1種類の生産物を生産している企業 (株式会社) を想定する．労働に関して最適化された営業利益$R(K)$は，投資に伴う調整費用$C(I)$，負債 (社債を想定) に対する利子支払いrB，法人税T，配当Dとして支払われ，残額が内部留保REとなるので，企業の予算制約として次式が成立する．

$$R(K) = C(I) + rB + T + RE + D \tag{5.1}$$

ここで，$R(K) = \arg\max_L [pF(K,L) - wL]$であり，$R'(K) > 0$, $R''(K) < 0$が

仮定される．また，p は生産物価格，$F(K,L)$ は生産関数，w は賃金率である．さらに，投資に伴う調整費用関数について

$$C'(I)>0, \text{ for } I>0, \quad C'(I)<0, \text{ for } I<0$$

$$C''(I)>0, \text{ for all } I$$

$$C(0)=C'(0)=0$$

が仮定される．法人税率を τ とすると，法人税は次のように課税されるものとする．

$$T=\tau[R(K)-\delta K-C(I)-rB] \tag{5.2}$$

ここで，減価償却費，利子支払いおよび投資に伴う調整費用が法人税の課税所得から控除されると仮定している．なお，本章では，簡単化のため，法定減価償却率と実際の資本減耗率とは等しいと仮定している．(5.1)(5.2) から次式が成立する．

$$(1-\tau)[R(K)-C(I)-rB]+\tau\delta K = RE+D \tag{5.3}$$

(5.3)より，配当が次のように表される[2]．

$$D=(1-\tau)[R(K)-C(I)-rB]+\tau\delta K - RE \tag{5.4}$$

粗投資のための資金は，内部留保 RE，新規負債 $\dot{B}$ および新株発行 $z\dot{E}$ によって調達されるので次式が成立する．

$$I=RE+\dot{B}+z\dot{E} \tag{5.5}$$

なおここで，内部留保はその全額が粗投資，配当もしくは負債の償還に利用されるものと仮定する．

次に，ここで企業のバランスシートの資本の部である資本金に資本準備

金・利益準備金等を加えたものを自己資本 S と定義し，それは，内部留保のうち，減価償却費を越えて投資に向けられた部分および新株発行 $z\dot{E}=u$ によって増加すると仮定する．

$$\dot{S}=RE-\delta K+u, \quad S(0)=S_0 \tag{5.6}$$

そして，この自己資本に対して，負債の上限制約

$$\bar{\lambda}S \geq B \tag{5.7}$$

を仮定する．ここで，$\bar{\lambda}$ は負債－自己資本比率の上限 (所与) である．また負債の上限を時価での自己資本 zE に対する比率で定式化しないのは，主として分析上の簡単化のためである．なお負債の非負制約

$$B \geq 0 \tag{5.8}$$

が仮定される．

次に，株価最大化問題を定式化しよう．まず，企業の目的関数が次の「株式と債券の間の裁定条件」を利用して導出される．

$$\frac{(1-\beta_3)\dot{z}E+(1-\beta_2)D}{zE} = (1-\beta_1)r \tag{5.9}$$

ここで，β_1 は利子所得税率，β_2 は配当所得税率，β_3 は capital gain 税率，z は株価，E は発行済株式数である．(5.9)の左辺は，投資家が当該企業の株式に資金を投じた場合の配当と capital gain によって得る税引後の収益率を，右辺は，負債に資金を投じた場合の税引後の収益率を表している．この裁定条件にはいくつかの解釈が与えられているが，現在から無限の将来においてこの裁定条件が満たされると考える場合，そして，株主の代理人としての経営者が最適財務・投資政策を決定する場合，次のように考えることもできよう[3]．すなわち，経営者は，既存株主が当該企業の株式へ投じた資金に対して，最低限(5.9)右辺で示される機会費用としての負債の収

益率を達成しなければならないが，それは，左辺で示されているように，capital gainと配当の組み合わせによって達成される．配当を大きくすれば相対的にcapital gainは小さくなり，逆に，capital gainを大きくすれば，配当は小さくてもよい．裁定条件は，与えられた要求収益率を達成する配当とcapital gainの可能な組み合わせを表している．

さて，裁定条件(5.9)は次のように変形することができる．

$$\dot{z}E = -\theta_2 D + \theta_1 r z E \qquad (5.10)$$

ここで，

$$\theta_1 = \frac{(1-\beta_1)}{(1-\beta_3)}, \quad \theta_2 = \frac{(1-\beta_2)}{(1-\beta_3)} \qquad (5.11)$$

であり，(5.10)から，初期時点での株価総額が（税制で調整された）配当から新株発行額を差し引いた額の割引現在価値として次のように導出される[4]．

$$z(0)E_0 = \int_0^\infty e^{-\theta_1 rt} [\theta_2 D(t) - u] dt, \quad u = z\dot{E} \qquad (5.12)$$

ここで，$u = z\dot{E}$は株式の時価発行額を表している．(5.12)は，株主の要求収益率$\theta_1 r$の実現を前提に，初期時点の株価が合理的に決定されることを示している．ただ，初期時点の株価自体は任意の配当の経路に対応しており，株価最大化問題が解かれたわけではない．なおこの場合，株価の発散を排除するために，

$$\lim_{t \to \infty} e^{-\theta_1 rt} z(t) = 0 \qquad (5.13)$$

が仮定される．

以上のように，新規株式発行額を越える（税制で調整された）配当の割引現在価値の総和として初期時点の株価総額が目的関数として内生的に導出されるが，そのとき適用される割引率が「税制で調整された負債利子率$\theta_1 r$」となる点は注意を要する[5]．

さて目的関数を(5.12)とする株価最大化モデルでは，割引率は株主の要求収益率 $\theta_1 r$ であり，企業の財務的変数を含んでいない．すなわち，株価最大化モデルでは財務的変数の決定と投資や生産といった実物的変数の決定が分離されない．なお，この割引率が $\theta_1 r$ であるという点は，Osterberg (1989) で導入されたような負債のagency costをモデルに組み込んだとしても変わらない．

以上の株価最大化問題を整理すると以下のようになる．

$$Max \quad z(0) E_0 = \int_0^\infty e^{-\theta_1 rt}(\theta_2 D - u)\, dt \tag{5.14}$$

subject to

$$D = (1-\tau)[R(K) - C(I) - rB] + \tau \delta K - RE \tag{5.15}$$

$$\dot{K} = I - \delta K, \quad K(0) = K_0 \tag{5.16}$$

$$\dot{B} = I - RE - u, \quad B(0) = B_0 \tag{5.17}$$

$$\dot{S} = RE - \delta K + u, \quad S(0) = S_0 \tag{5.18}$$

$$(1-\tau)[R(K) - C(I) - rB] + \tau \delta K - RE (= D) \geq 0 \tag{5.19}$$

$$\bar{\lambda} S \geq B \tag{5.20}$$

$$B \geq 0 \tag{5.21}$$

$$u \geq 0 \tag{5.22}$$

ここで，状態変数は，資本ストック K，負債 B，自己資本 S であり，制御変数は，粗投資 I，内部留保 RE，および新株発行額 $u\ (=z\dot{E})$ である．(5.19) は配当の非負制約 ($D \geq 0$) であるが，内部留保から投資へ回される資金の上限制約でもある ($RE \leq RE_{max}$)．なおこのモデルでは，内部留保に非負制約 $RE \geq 0$ を課していないが，その理由は，後述のように，たとえ内部留

保に非負制約を課してもそれが有効 (binding) となることはないからである．(5.20)は，負債－自己資本比率の上限制約である．(5.21)は負債の非負制約である．そして，(5.22)は新株発行の非負制約である．現実には，自社株の買い戻しもありうるが，ここでは制度的にそれが許容されていない状況を想定している[6]．また，新株発行額 u に上限を設定していないが，これについても後述するように，このモデルでは，新株発行額の上限制約が有効となる状態が生じないためである．さらに，(5.17)に示されているように，初期時点の負債 B_0 は所与とされている[7]．

第3節　最適解の導出と特質

以上の無限期間不等号制約条件付最適制御問題における最適性の必要条件は，以下のように示される．まず，ハミルトニアン H およびラグランジュ関数 W を，

$$H = \theta_2 \{ (1-\tau)[R(K)-C(I)-rB] + \tau \delta K - RE \} - u$$
$$+ q_1(I - \delta K) + q_2(I - RE - u) + q_3(RE - \delta K + u) \qquad (5.23)$$

$$W = H + \alpha_1 \{ (1-\tau)[R(K)-C(I)-rB] + \tau \delta K - RE \}$$
$$+ \alpha_2(\bar{\lambda} S - B) + \alpha_3 B + \alpha_4 u \qquad (5.24)$$

とおくとき，以下の条件を満たす関数，$q_1(t)$, $q_2(t)$, $q_3(t)$ および $\alpha_1(t)$, $\alpha_2(t)$, $\alpha_3(t)$, $\alpha_4(t)$ が存在しなければならない．

$$\dot{K} = I - \delta K, \quad K(0) = K_0 \qquad (5.25)$$

$$\dot{B} = I - RE - u, \quad B(0) = B_0 \tag{5.26}$$

$$\dot{S} = RE - \delta K + u, \quad S(0) = S_0 \tag{5.27}$$

$$\frac{\partial W}{\partial I} = -(\theta_2 + \alpha_1)(1-\tau)C'(I) + q_1 + q_2 = 0 \tag{5.28}$$

$$\frac{\partial W}{\partial RE} = -\theta_2 - q_2 + q_3 - \alpha_1 = 0 \tag{5.29}$$

$$\frac{\partial W}{\partial u} = -1 - q_2 + q_3 + \alpha_4 = 0 \tag{5.30}$$

$$\dot{q}_1 = \theta_1 r q_1 - \frac{\partial W}{\partial K} \tag{5.31}$$

$$\dot{q}_2 = \theta_1 r q_2 - \frac{\partial W}{\partial B} \tag{5.32}$$

$$\dot{q}_3 = \theta_1 r q_2 - \frac{\partial W}{\partial S} \tag{5.33}$$

$$\alpha_1 \geq 0, \quad \alpha_1 \{(1-\tau)[R(K) - C(I) - rB] + \tau \delta K - RE\} = 0 \tag{5.34}$$

$$\alpha_2 \geq 0, \quad \alpha_2 (\bar{\lambda} S - B) = 0 \tag{5.35}$$

$$\alpha_3 \geq 0, \quad \alpha_3 B = 0 \tag{5.36}$$

$$\alpha_4 \geq 0, \quad \alpha_4 u = 0 \tag{5.37}$$

ここで，q_1, q_2, q_3 はそれぞれ状態変数 K, B, S に対応した current value の補助変数 (costate variable) である．また α_1 は配当の非負制約(5.19)に，α_2 は負債－自己資本比率の上限制約(5.20)に，α_3 は負債の非負制約(5.21)に，そして α_4 は新株発行額の非負制約(5.22)にそれぞれ対応するラグランジュ乗数である．

さらに，以下の横断条件が仮定される．

$$\lim_{t\to\infty} e^{-\theta_1 rt} q_1(t) K(t) = 0 \tag{5.38}$$

$$\lim_{t\to\infty} e^{-\theta_1 rt} q_2(t) B(t) = 0 \tag{5.39}$$

$$\lim_{t\to\infty} e^{-\theta_1 rt} q_3(t) S(t) = 0 \tag{5.40}$$

以上の条件(5.25)-(5.40)から，最適解の性質を調べてみよう．まず，(5.29)を考慮して(5.31)(5.32)(5.33)を計算すると以下を得る．

$$\begin{aligned}\dot{q_1} &= (\theta_1 r + \delta) q_1 - (\theta_2 + \alpha_1)\bigl[(1-\tau) R'(K) + \tau\delta\bigr] + \delta q_3 \\ &= (\theta_1 r + \delta) q_1 + \bigl[(1-\tau) R'(K) + \tau\delta\bigr] q_2 - (1-\tau) R'(K) q_3 \end{aligned} \tag{5.41}$$

$$\begin{aligned}\dot{q_2} &= \theta_1 r q_2 + (\theta_2 + \alpha_1)(1-\tau) r + \alpha_2 - \alpha_3 \\ &= \bigl[\theta_1 r - (1-\tau) r\bigr] q_2 + (1-\tau) r q_3 + \alpha_2 - \alpha_3 \end{aligned} \tag{5.42}$$

$$\dot{q_3} = \theta_1 r q_3 - \alpha_2 \bar{\lambda} \tag{5.43}$$

最適性の必要条件を構成する補助変数の微分方程式(5.41)-(5.43)は，時間とともに変化するラグランジュ乗数を含んでおり非自律的(non-autonomous)である．したがって，$\dot{q_i}$ =0-locusは時間とともに連続的または不連続にシフトする．

また粗投資と資本ストックのシャドープライスq_1との関係を表す(5.28)は，(5.29)の$q_2 = -(\theta_2 + \alpha_1) + q_3$から，

$$\begin{aligned}q_1 &= (\theta_2 + \alpha_1)(1-\tau) C'(I) - q_2 \\ &= (\theta_2 + \alpha_1)\bigl[1 + (1-\tau) C'(I)\bigr] - q_3 \end{aligned} \tag{5.44}$$

と表され，$\alpha_1 > 0$で配当制約が有効な場合には，投資が抑制され，q_3が正の場合には促進的に作用する．

次に，最適な内部留保 (配当) 政策および新株発行政策について検討する．まず，ハミルトニアンHは，(5.23)から明らかなように，内部留保REに関して線形である．したがって，REに関する最適制御はbang-bang制御であり，以下のパターン(1)(2)(3)となる．

(1) $-\theta_2-q_2+q_3>0$ → $RE=RE_{max}$

(2) $-\theta_2-q_2+q_3=0$ → $RE=RE_{free}$

(3) $-\theta_2-q_2+q_3<0$ → $RE=RE_{min}$

しかし，(5.29)より，$\alpha_1=-\theta_2-q_2+q_3\geq 0$でなければならないからパターン(3)が生じることはない．すなわち，内部留保をできるだけ小さくする政策が最適となることはない．したがって，たとえ内部留保に非負制約 (ないし下限制約) を課しても，それが有効となることはないので，内部留保の非負制約は意味をなさない．なお，(5.29)より，$-\theta_2-q_2+q_3>0 \Leftrightarrow \alpha_1>0$であるから，内部留保が$RE=RE_{max}$となり，配当をゼロにして利益をすべて投資資金に利用する条件は$\alpha_1>0$ということになる．つまり，$\alpha_1>0$のとき，投資資金としては必ず内部留保が利用され，それでまかないきれない場合には，負債や新株発行による資金調達が最適な財務政策となる．

次に新株発行政策について見る．この場合も，ハミルトニアンHは新株発行額u ($=z\dot{E}$) に関して線形であり，以下のようなbang-bang制御となる．

(1′) $-1-q_2+q_3>0$ → $u=u_{max}$

(2′) $-1-q_2+q_3=0$ → $u=u_{free}$

(3′) $-1-q_2+q_3<0$ → $u=u_{min}=0$

しかし，(5.30)より，$\alpha_4=1+q_2-q_3\geq 0$でなければならないからパターン(1′)が生じることはない．すなわち，最大限の新株発行政策が最適解となることはない．したがって，新株発行は投資資金として利用される優先順

位は低く，利用されるにしても目的関数への実質的貢献度はゼロである．以上のことから，新株発行に対する上限制約も意味がないことがわかる[8]．

さて，4個のラグランジュ乗数，$\alpha_1, \alpha_2, \alpha_3, \alpha_4$の符号（正またはゼロ）に関して可能な組み合わせのうち，α_2とα_3,がともに正となるケースは最大負債（$B=\bar{\lambda}S$）と負債ゼロ（$B=0$）が両立しないことから実行不能であり排除される．残る可能なケースは以下の表5.1の12ケースとなる．なお，ここでケースと読んでいるラグランジュ乗数の符号の組み合わせを，Loon (1983) 等はpathと呼んでいる．また，regimeとかstageと呼ばれることもある．

表5.1 ラグランジュ乗数の可能な組み合わせ

	α_1	α_2	α_3	α_4	(q_2, q_3)における可能な領域
ケース①	+	+	0	+	Ⅰ：$q_3>q_2+\theta_2$, $q_3<q_2+1$
ケース②	+	+	0	0	Ⅱ：$q_3>q_2+\theta_2$, $q_3=q_2+1$
ケース③	+	0	+	+	Ⅰ：$q_3>q_2+\theta_2$, $q_3<q_2+1$
ケース④	+	0	+	0	Ⅱ：$q_3>q_2+\theta_2$, $q_3=q_2+1$
ケース⑤	+	0	0	+	Ⅰ：$q_3>q_2+\theta_2$, $q_3<q_2+1$
ケース⑥	+	0	0	0	Ⅱ：$q_3>q_2+\theta_2$, $q_3=q_2+1$
ケース⑦	0	+	0	+	Ⅲ：$q_3=q_2+\theta_2$, $q_3<q_2+1$
ケース⑧	0	+	0	0	Ⅳ：$q_3=q_2+\theta_2$, $q_3=q_2+1$
ケース⑨	0	0	+	+	Ⅲ：$q_3=q_2+\theta_2$, $q_3<q_2+1$
ケース⑩	0	0	+	0	Ⅳ：$q_3=q_2+\theta_2$, $q_3=q_2+1$
ケース⑪	0	0	0	+	Ⅲ：$q_3=q_2+\theta_2$, $q_3<q_2+1$
ケース⑫	0	0	0	0	Ⅳ：$q_3=q_2+\theta_2$, $q_3=q_2+1$

表5.1中の領域Ⅰ－Ⅳは，(5.29)と(5.30)から，α_1とα_4の符号関係によって許容される(q_2, q_3)平面上の領域であり，それを図示したのが図5.1である[9]．すなわち，(5.29)より，

$$\alpha_1 = -\theta_2 - q_2 + q_3 \geq 0 \quad \Rightarrow \quad q_3 \geq q_2 + \theta_2 \tag{5.45}$$

が成立し，(5.30)より，

$$\alpha_4 = 1 + q_2 - q_3 \geq 0 \quad \Rightarrow \quad q_3 \leq q_2 + 1 \tag{5.46}$$

である．したがって，(5.45)(5.46)を満足する領域は，図5.1の直線Ⅱと直線Ⅲにはさまれた領域である．同図において，α_1とα_4が同時にゼロとなる領域Ⅳを満たす領域は，$\theta_2 < 1$のケースでは存在せず実行不可能である．したがって，ケース⑧⑩⑫は以下の分析から排除される．なおこのことから，α_1とα_4は同時にゼロとなることはできず，配当ゼロか新株発行ゼロのうち少なくともどちらかが生じる[10]．

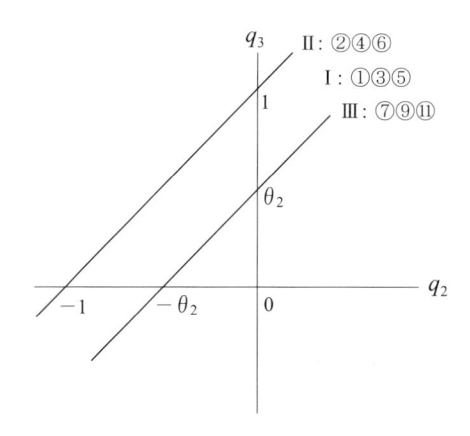

図5.1　実行可能領域

第4節　最適投資・資金調達政策

次に，最適経路の可能なパターンとその特徴を明らかにするために，以下の2つのケースに分けて検討する．なお，以下では，初期資本ストックは十分に低い水準にあり，最適経路は企業の成長過程に対応すると想定する．

ケース(a)　$\theta_1 r < (1-\tau)r$

ケース(b)　$\theta_1 r > (1-\tau)r$

ここで，$\theta_1 r$ はこの株価最大化モデルで適用される割引率＝株主の要求収益率であり，この収益率が永久に実現されると想定されている．それは，現在から無限の将来にわたって，配当とキャピタルゲインの組み合わせによって実現される収益率が $\theta_1 r$ であることを示している．一方，$(1-\tau)r$ は，企業が負債を利用する際の実効利子率を示している．なお，$(1-\tau)$ の部分は，負債利子が企業の課税所得から控除されるとの仮定を反映している．したがって，$\theta_1 r > (1-\tau)r$ は，企業にとって，負債の実質的なコストが株主に与える収益率より低いことを意味する．このような条件下では，負債は自己資本より安い資金であり，企業により多くの負債を利用するインセンティブが存在することになる[11]．$\theta_1 r < (1-\tau)r$ の場合は，逆のことがいえる．

ケース(a)　$\theta_1 r < (1-\tau)r$

企業の最適財務政策を明らかにするために，q_2 および q_3 に関する微分方程式(5.42)(5.43)を考える．

$$\dot{q}_2 = \theta_1 r q_2 + (\theta_2 + \alpha_1)(1-\tau)r + \alpha_2 - \alpha_3$$
$$= [\theta_1 r - (1-\tau)r]q_2 + q_3(1-\tau)r + \alpha_2 - \alpha_3 \tag{5.42}$$

$$\dot{q}_3 = \theta_1 r q_3 - \alpha_2 \overline{\lambda} \tag{5.43}$$

すでに述べたように,この動学システム(5.42)(5.43)は非自律系である.そこでまず,表5.1のどのケースがfinal pathとして横断条件を満たす定常点になりうるかを考える.まず,①－⑥は,$\alpha_1>0 \to RE=RE_{max}$となるから,$\dot{S}\neq 0$であり,定常点ではない.残るケースは⑦⑨⑪であるが,ケース⑦の場合,$\alpha_2>0$,$\alpha_3=0$であるから,$\dot{q}_2=0$-locusは,

$$q_3 = -\frac{\theta_1 r-(1-\tau)r}{(1-\tau)r}q_2 - \frac{\alpha_2}{(1-\tau)r} \tag{5.47}$$

となり,負のy切片をもつ.他方,$\dot{q}_3=0$-locusは,

$$q_3 = \frac{\alpha_2 \bar{\lambda}}{\theta_1 r} \tag{5.48}$$

であるから,直線(5.47)と(5.48)の交点となる定常点は,(q_2, q_3)平面の第1象限に位置する.また,$\dot{q}_2=0$-locusの傾きが1より小であることから,交点は可能な領域Ⅰ,Ⅱ,Ⅲの外になる.したがって,ケース⑦は定常点ではない.また,ケース⑪の場合,$\alpha_2=\alpha_3=0$であるから,$\dot{q}_2=0$-locusは,

$$q_3 = -\frac{\theta_1 r-(1-\tau)r}{(1-\tau)r}q_2 \tag{5.49}$$

となり,原点を通る右上がりの直線となる.他方,$\dot{q}_3=0$-locusは,$q_3=0$であるから,定常点は原点になるが,これも可能な領域外である.したがって,ケース⑪も定常点ではない.結局,定常点となりうるのはケース⑨だけである.そこで,ケース⑨の場合の(5.42)と(5.43)の位相図を描くと,図5.2のように示される.A点が定常点である.ここで,$\dot{q}_2=0$-locusは,

$$q_3 = -\frac{\theta_1 r-(1-\tau)r}{(1-\tau)r}q_2 + \frac{\alpha_3}{(1-\tau)r} \tag{5.50}$$

であり,また,$\alpha_2=0$であるから,$\dot{q}_3=0$-locusは,次のように示される.

$$q_3 = 0 \tag{5.51}$$

図5.2 ケース⑨

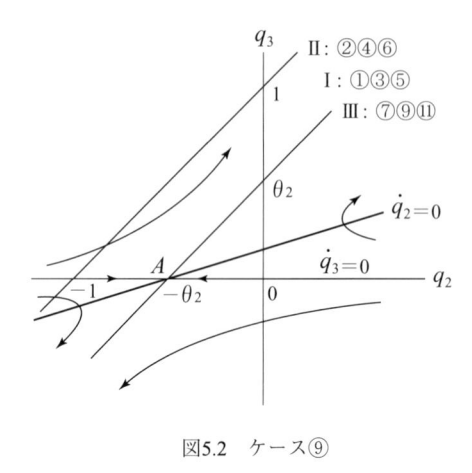

このとき，定常点Aでは以下が成立する．

【定常点】ケース⑨：$\alpha_1=\alpha_2=0, \alpha_3>0, \alpha_4>0$

$$\tilde{I}=\delta\tilde{K}=RE_{free} \tag{5.52}$$

$$\tilde{q}_1=\frac{\theta_2[(1-\tau)R'(\tilde{K})+\tau\delta]}{\theta_1 r+\delta} \tag{5.53}$$

$$\tilde{q}_2=-\theta_2 \tag{5.54}$$

$$\tilde{q}_3=0 \tag{5.55}$$

$$\tilde{B}=0 \tag{5.56}$$

$$\tilde{\alpha}_1=\tilde{\alpha}_2=0 \tag{5.57}$$

$$\tilde{\alpha}_3=-\theta_2[\theta_1 r-(1-\tau)r]>0 \tag{5.58}$$

$$\tilde{\alpha}_4=1-\theta_2>0 \Rightarrow \tilde{u}=0 \tag{5.59}$$

次に，領域Ⅲに位置する定常点Aに接続（連結）可能なケースはどれかを検討する．その候補は，q_2およびq_3の連続性から，領域Ⅰに位置するケース①③⑤であるが，①は$B=\bar{\lambda}S$であり，そこから$B=0$に接続するのは，状態変数Bの連続性に反するから接続不可能である．結局，ケース⑨に接続できるのは，ケース③と⑤である．ケース③では，ケース⑨と同じく，$\alpha_2=0, \alpha_3>0$であるから，$\dot{q}_2=0$-locusおよび$\dot{q}_3=0$-locusはシフトせず位相図は変化しない．したがって，ケース③は図5.2定常点Aへ$q_3=0$線上を左方から接近してくる経路である．ケース⑤の場合には，$\alpha_2=\alpha_3=0$であるから，$\dot{q}_2=0$-locusは原点を通るように右方へシフトする．しかし，$\dot{q}_3=0$-locusが$q_3=0$のままであるから，最適経路は直線$q_3=0$上を定常点に到達するまで進むことになる．

さらに，ケース③に接続可能なケースはケース⑤であるが，このとき，$\alpha_2=\alpha_3=0$であるから，$\dot{q}_2=0$-locusは原点を通るように右方へシフトするが，最適経路は，依然として，$q_3=0$線上にある．このように，定常点であるケース⑨へ到達可能な最適経路はケース⑤からケース③を経てケース⑨に到達する場合と，ケース⑤から直接ケース⑨へ到達する場合が可能である．なお，ケース③および⑨では$B=0$であるのに対し，ケース⑤では$\bar{\lambda}S\geq B\geq 0$であり，負債の償還過程にある（表5.2参照）．

続いて，ケース⑤に接続可能なケースはケース①であるが，このとき，$\alpha_2>0, \alpha_3=0$となるから，$\dot{q}_2=0$-locusは，

$$q_3=-\frac{\theta_1 r-(1-\tau)r}{(1-\tau)r}q_2-\frac{\alpha_2}{(1-\tau)r} \tag{5.60}$$

となり，$\dot{q}_3=0$-locusは，

$$q_3=\frac{\alpha_2\bar{\lambda}}{\theta_1 r} \tag{5.61}$$

となるので，位相図は図5.3のように示される．

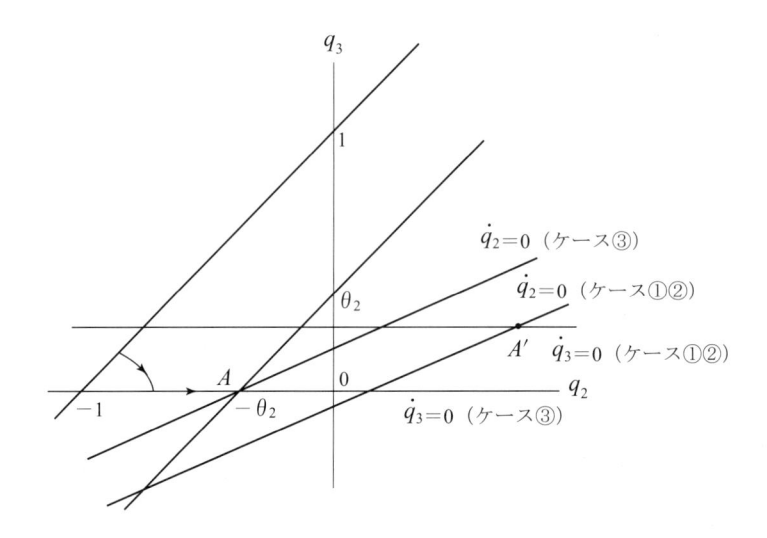

図5.3 最適経路：②→①→⑤→③→⑨

ケース①は，負債の上限制約 $B = \bar{\lambda} S$ 上にあり，図5.3に示されているように，領域Ⅱから直線 $\dot{q}_3 = 0$ を結ぶ役割を果たしている．

そして，ケース①へケース②が接続可能である．なお，ケース②は瞬間的な一時点で可能である．そこでは，$\dot{q}_2 > 0$ であり，$\dot{q}_3 = 0$-locus より下側に位置していなければならないので $\dot{q}_3 < 0$ であり，領域Ⅱにとどまることができないからである．結局，基本となる最適経路 (main path) は，次のように示される．

②⟶①⟶⑤⟶③⟶⑨

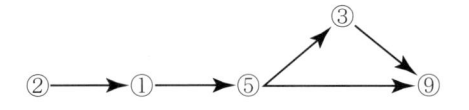

図5.4は，(S, B) 平面上で最適経路を描いたものである．なお，最適経路は，初期時点で瞬時に直線 $B = \bar{\lambda} S$ 上にあるケース②に乗ることを要求しているが，初期値が図5.4のF点にあるような場合，F点からケース②へ瞬時にjumpすることを許すか（初期時点での負債発行），あるいは，初期時

点で直線$B=\bar{\lambda}S$上から出発することを想定しなければならないであろう．

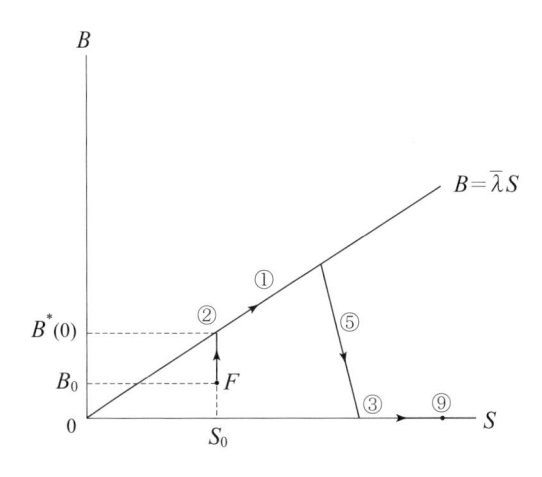

図5.4　最適経路：$\theta_1 r<(1-\tau)r$のケース

最適経路上でのラグランジュ乗数の変化を見るために，最適経路上の各ケースの状況を整理すると，表5.2のように示される．

表5.2　最適経路上の各ケースの状況

② $B=\bar{\lambda}S$	$\dot{q}_2>0$ $\dot{q}_3<0$ $\dot{\alpha}_1<0$ $\alpha_1>0$ $\alpha_2>0$ $\alpha_3=0$ $\alpha_4=0$
① $B=\bar{\lambda}S$	$\dot{q}_2>0$ $\dot{q}_3<0$ $\dot{\alpha}_1<0$ $\alpha_1>0$ $\alpha_2>0$ $\alpha_3=0$ $\alpha_4>0$
⑤ $0\leq B\leq\bar{\lambda}S$	$\dot{q}_2>0$ $\dot{q}_3=0$ $\dot{\alpha}_1<0$ $\alpha_1>0$ $\alpha_2=0$ $\alpha_3=0$ $\alpha_4>0$
③ $B=0$	$\dot{q}_2>0$ $\dot{q}_3=0$ $\dot{\alpha}_1<0$ $\alpha_1>0$ $\alpha_2=0$ $\alpha_3>0$ $\alpha_4>0$
⑨ $B=0$	$\dot{q}_2=0$ $\dot{q}_3=0$ $\dot{\alpha}_1=0$ $\alpha_1=0$ $\alpha_2=0$ $\alpha_3>0$ $\alpha_4>0$

そこで，表5.2をもとに各ラグランジュ乗数の変化のパターンを図示したのが以下の図5.5a-dである[12]．

110

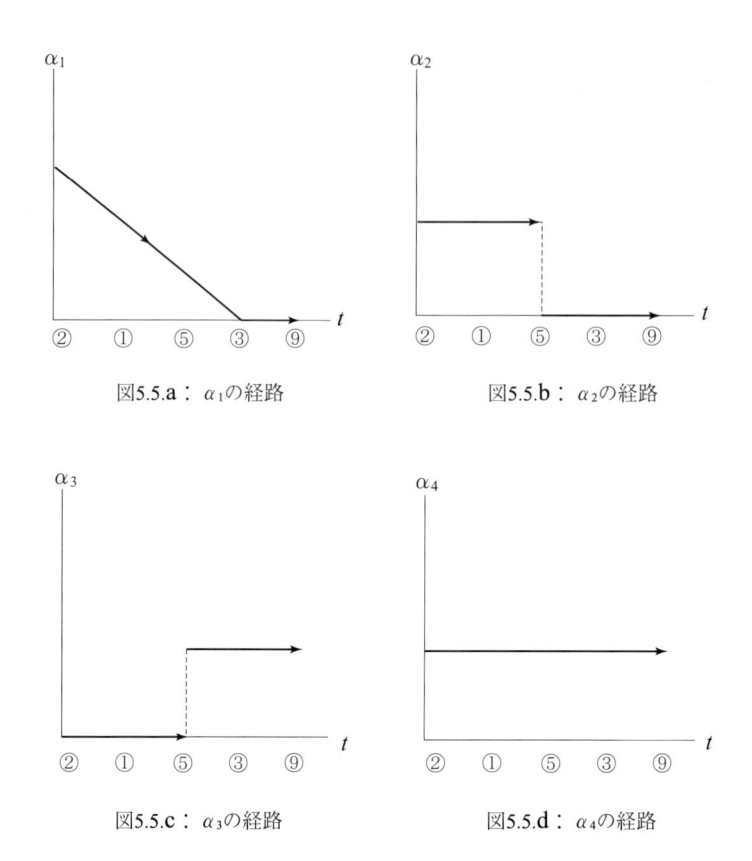

図5.5.a：α_1 の経路

図5.5.b：α_2 の経路

図5.5.c：α_3 の経路

図5.5.d：α_4 の経路

ケース(2)　$\theta_1 r > (1-\tau)r$

次に，株主の要求収益率が負債の実効利子率より高く，負債のコストが割安なケースについて企業の最適投資・財務政策を検討する．

まず，定常点を考える．$\theta_1 r < (1-\tau)r$ の場合と同様，ケース①-⑥は，$\alpha_1 > 0 \to RE = RE_{max}$ となるから $\dot{S} \neq 0$ であり定常点ではない．そこで，残るケース⑦⑨⑪であるが，もし，ケース⑨が定常点なら，

$$\tilde{q}_2 = -\frac{\theta_2(1-\tau)r - \alpha_3}{\theta_1 r} \tag{5.62}$$

$$\tilde{q}_3 = 0 \tag{5.63}$$

となるが，他方，ケース⑨は領域Ⅲに位置するので，$\tilde{q}_2=\tilde{q}_3-\theta_2=-\theta_2$であるから，(5.62)より，

$$-\theta_2=-\frac{\theta_2(1-\tau)r-\alpha_3}{\theta_1 r} \tag{5.64}$$

でなければならず，

$$[\theta_1 r-(1-\tau)r]\theta_2=-\alpha_3<0 \tag{5.65}$$

が成立するから，結局，$\theta_1 r-(1-\tau)r<0$でなければ(5.65)は成立しない．したがって，ケース⑨は，この場合，定常点ではない．また，ケース⑪も定常点が領域外になるので排除される．結局，定常点はケース⑦であり，以下が成立する．

【定常点】ケース⑦：$\alpha_1=0, \alpha_2>0, \alpha_3=0, \alpha_4>0$

$$\tilde{I}=\delta\tilde{K}=RE_{free} \tag{5.66}$$

$$\tilde{q}_1=\frac{\theta_2[(1-\tau)R'(\tilde{K})+\tau\delta]}{\theta_1 r} \tag{5.66}$$

$$\tilde{q}_2=-\frac{\theta_2(1-\tau)r+\tilde{\alpha}_2}{\theta_1 r} \tag{5.67}$$

$$\tilde{q}_3=\frac{\tilde{\alpha}_2\bar{\lambda}}{\theta_1 r}>0 \tag{5.68}$$

$$\tilde{B}=\bar{\lambda}\tilde{S} \tag{5.69}$$

$$\tilde{\alpha}_1=\tilde{\alpha}_3=0 \tag{5.70}$$

$$\tilde{\alpha}_2=\frac{\theta_2[\theta_1 r-(1-\tau)r]}{1+\bar{\lambda}}>0 \tag{5.71}$$

$$\tilde{\alpha}_4=1-\theta_2>0 \Rightarrow \tilde{u}=0 \tag{5.72}$$

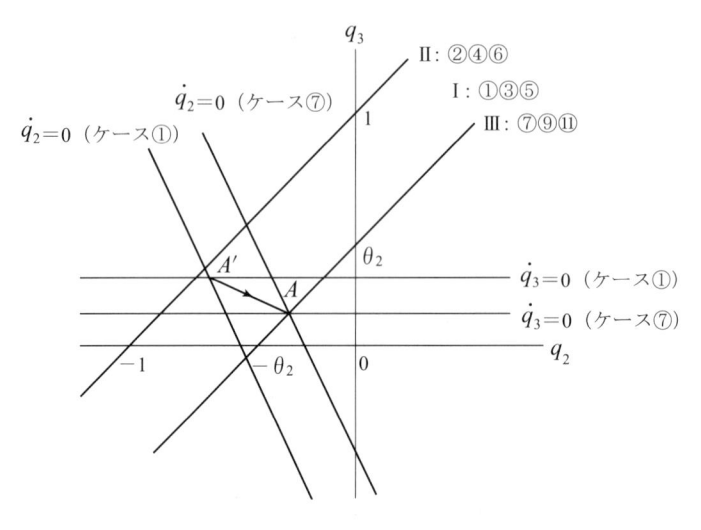

図5.6　最適経路：①→⑦

図5.6にケース⑦が描かれている．ケース⑦の定常点Aは不安定均衡点であり，ひとたび定常点からはずれると再び戻ることはできない．なお，定常点が不安定となるのは，$\theta_1 r > (1-\tau)r$,すなわち，$\dot{q}_2 = 0$-locus

$$q_3 = -\frac{\theta_1 r - (1-\tau)r}{(1-\tau)r} q_2 - \frac{\alpha_2}{(1-\tau)r} \tag{5.73}$$

が，この場合，右下がりということに原因があり，ラグランジュ乗数α_2およびα_3の符号には依存しない．なお，$\theta_1 r > (1-\tau)r$の場合，$\dot{q}_2 = 0$-locusはすべて右下がりとなり，均衡点は不安定である．

次に，定常点ケース⑦へ接続可能なケースを考える．その候補は領域Ⅰにあるケース①③⑤であるが，ケース③は$B=0$であるからBの連続性に反し除外される．また，ケース⑤では，$\dot{q}_3 = 0$-locusが$q_3 = 0$で，この場合の位相図からケース⑦へは到達不可能である．結局，ケース⑦へ接続可能なケースはケース①である．図5.6に示されているように，最適経路は，ケース①の不安定経路上をケース⑦の均衡点Aへ向けて進み，ケース⑦の定常

点Aに到達後，そこに停止するというのが唯一の可能なパターンである．

最適経路を(S,B)平面上で描いたのが図5.7である．初期時点において，任意に与えられた自己資本S_0に対して，可能な最大限の負債水準$B^*(0)=\bar{\lambda}S_0$までjumpして（すなわち，負債で資金調達を行って）ケース①に到達し，以後，配当をゼロにしながら$B=\bar{\lambda}S$に沿って，実物面から要求される投資資金を内部留保$RE=RE_{free}$および負債によって調達することになる．そして，定常点に到達後は$RE=RE_{free}$であり，置き換え投資に必要な費用を越えた利益があれば配当に回される．

なお，最適経路上でのラグランジュ乗数の変化は，表5.3に示される．

表5.3　最適経路上の各ケースの状況

①	$B=\bar{\lambda}S$	$\dot{q}_2>0$　$\dot{q}_3<0$　$\dot{\alpha}_1<0$　$\alpha_1>0$　$\alpha_2>0$　$\alpha_3=0$　$\alpha_4>0$
⑦	$B=\bar{\lambda}S$	$\dot{q}_2=0$　$\dot{q}_3=0$　$\dot{\alpha}_1=0$　$\alpha_1=0$　$\alpha_2>0$　$\alpha_3=0$　$\alpha_4>0$

図5.7　$\theta_1 r>(1-\tau)r$のケース

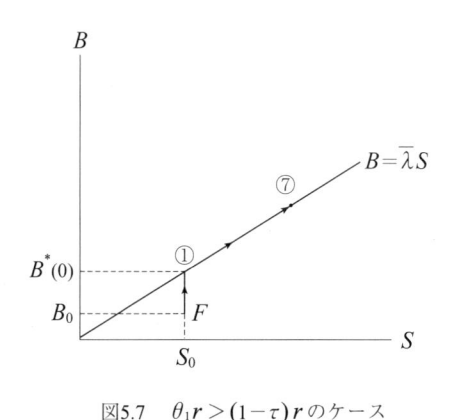

また，表5.3をもとにラグランジュ乗数の変化のパターンを図示したのが図5.8a-dである．

図5.8a： α_1の経路

図5.8b： α_2の経路

図5.8c： α_3の経路

図5.8d： α_4の経路

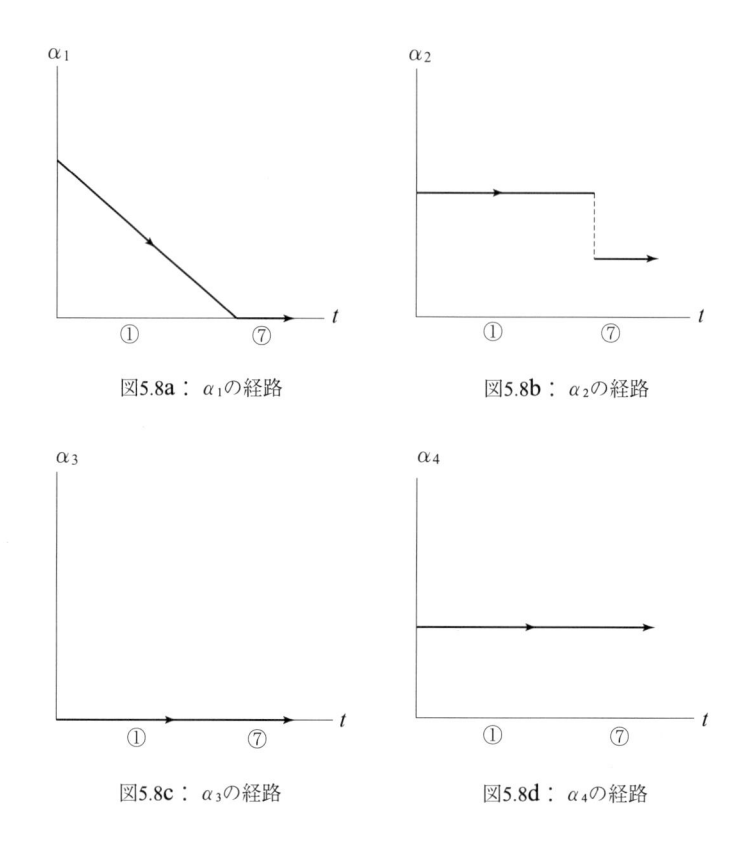

第5節　企業価値最大化と株価最大化

　この節では，企業価値最大化モデルと株価最大化モデルを，モデルの前提をできるだけ共通にして比較を行う．そのために，企業価値最大化モデルに次のような修正を行う．

① 　負債のagency cost関数を除く．

② 　固定的な配当政策を$d_0=0$とする．

このような修正を行うとき，はたして最適投資経路や最適財務政策は両モデルで異なるのかどうかを検討する．

修正された企業価値最大化モデルは，次のように示される．

$$\underset{I}{Max}\ V(0)=\int_0^\infty \Phi(K,I)e^{-\omega^* t}dt \tag{5.74}$$

subject to

$$\dot{K}=I-\delta K,\ K(0)=K_0 \tag{5.75}$$

$$\Phi(K,I)=(1-\tau)[R(K)-C(I)]-I+\tau\delta K \tag{5.76}$$

$$\omega=\frac{1}{1+\lambda}(\theta_3 d+\theta_1 r)+\frac{1}{1+\lambda}(1-\tau)r \tag{5.77}$$

この修正されたモデルでも，実物変数はすべてnet cash flowに，他方，財務変数は割引率である資本コストに含まれたままである．そこでまず第1ステップとして，資本コストの最小化を考える．ここで，次の仮定をおく．

$$\theta_3>0\ \Leftrightarrow\ \beta_2>\beta_3\ \Leftrightarrow\ 1>\theta_2 \tag{5.78}$$

このとき，最適配当政策は，

$$d=d_0=0 \tag{5.79}$$

となり，資本コストは，

$$\omega=\frac{1}{1+\lambda}\theta_1 r+\frac{1}{1+\lambda}(1-\tau)r \tag{5.80}$$

と表され，株主の要求収益率（自己資本のコスト）$\theta_1 r$ と負債の実質コスト $(1-\tau)r$ の加重平均となる．したがって，資本コストの最小化は，次のように示される．

(a) $\theta_1 r>(1-\tau)r\ \Rightarrow\ \lambda^*=\bar{\lambda}\ \Rightarrow\ \omega^*=\frac{1}{1+\bar{\lambda}}\theta_1 r+\frac{\bar{\lambda}}{1+\bar{\lambda}}(1-\tau)r$ (5.81)

(b) $\theta_1 r<(1-\tau)r\ \Rightarrow\ \lambda^*=0\ \Rightarrow\ \omega^*=\theta_1 r$ (5.82)

すなわち，最適解はcorner solutionである．ここで，$\bar{\lambda}$ は負債－自己資本比率の上限である．ケース(a)の場合，資本コストは負債－自己資本比率$\bar{\lambda}$ の減少関数であり，$\bar{\lambda}$ を大きくするほど資本コストを限りなく$(1-\tau)r$に向けて引き下げることができる．このような状況はall-debt financingと呼ばれる財務政策である．他方，ケース(b)は負債ゼロを意味し，all-equity financingと呼ばれている．

以上から明らかなように，負債のagency costを除いた修正企業価値最大化モデルでは，内点解としての最適資本コストの特徴が消え，Brock and Turnovsky (1981) と同様，最適解はcorner solutionとなる．なお，資本コストは時間を通じて一定のままである．

ケース(a)　　$\theta_1 r > (1-\tau)r$

この場合，企業価値最大化モデルと株価最大化モデルでは，全計画期間を通じて，all-debt financingの財務政策がとられるので，最適財務政策に相違はないといえよう．ただし，企業価値最大化モデルでは，割引率である資本コストが，以下のように，株価最大化モデルの割引率$\theta_1 r$より低い．

$$\theta_1 r > \frac{1}{1+\bar{\lambda}} \theta_1 r + \frac{\bar{\lambda}}{1+\bar{\lambda}} (1-\tau)r \tag{5.83}$$

次に，最大化されるべきnet cash flowと配当の関係を見てみる．まず，企業の予算制約は，

$$(1-\tau)[R(K)-C(I)] + \tau\delta K - I = D + (1-\tau)rB - \dot{B} - u \tag{5.84}$$

となる．すなわち，net cash flow $\Phi(K,I)$ と配当Dには次の関係が成立している．

$$\Phi(K,I) = D + (1-\tau)rB - \dot{B} - u \tag{5.85}$$

したがって，$\lambda = \bar{\lambda}$ のとき，企業価値最大化モデルでは，目的関数は，

$$V(0)=\int_0^\infty \Phi(K,I)e^{-\omega^* t}dt=\int_0^\infty [D-u+(1-\tau)rB-\dot{B}]e^{-\omega^* t}dt \quad (5.86)$$

であり，他方，株価最大化モデルでは，

$$z(0)E_0=\int_0^\infty e^{-\theta_1 rt}(\theta_2 D-u)dt \quad (5.87)$$

であるから，目的関数は，割引率と被積分項が異なり，一致するとはいえない．

ケース(b)　$\theta_1 r < (1-\tau)r$

　この場合，割引率はともに$\theta_1 r$であり一致する．また，修正された企業価値最大化モデルでは，全計画期間を通じて$\lambda=0$であり，**all-equity financing**となる．しかし，株価最大化モデルでは，すでに前節までの分析で見たように，負債の実質コストが自己資本のコストより高くても，最大負債で成長する時期が存在する．この点が2つのモデルの最大の相違点といえよう．両モデルが完全に一致するのは，

$$\theta_2=1 \iff \theta_3=0 \iff \beta_2=\beta_3 \quad (5.88)$$

の場合であり，言い換えれば，$\theta_2<1$という仮定が，モデルの不一致に決定的な役割を果している．

第6節　結語

　本章で得られた主要な分析結果を整理すると以下のようになる．まず，株価最大化モデルでは，負債政策の定式化が1つのポイントであり，最適負債政策が内点解になるように，何らかの工夫をしなければ，本章のモデ

ルのように，端点解のケースとなる．そして，負債と自己資本のコストの大小関係によって，以下のような2つのケースに分けられる．

(1) 税パラメータが，$\theta_1 r < (1-\tau)r$を満たし，負債の実質コストが自己資本のコストより高い場合でも，負債は企業規模の十分小さい局面で利用される可能性がある．しかし，やがて償還され最終的には負債ゼロの状態となる．

(2) 税パラメータが，$\theta_1 r > (1-\tau)r$を満たし，負債の実質コストが自己資本のコストより安い場合，利用可能な最大限の負債で投資資金の調達を行うのが最適であり，かつ，最終的に負債の償還は行われない．

また，企業価値最大化モデルと株価最大化モデルの比較を行ったが，両者には以下のような差異がある．

(1′) 企業価値最大化モデルでは，財務政策を表す変数(負債－自己資本比率)が割引率の部分にのみ含まれ，実物面を表す変数がnet cash flowに含まれることから，両者は完全に分離される．他方，株価最大化モデルでは，割引率の部分には財務変数は含まれず，実物変数と財務変数が分離されないという特徴を持っている．

(2′) 税制の存在しない特殊なケースを除いて，適用される割引率が異なる．

(3′) 十分に小さい規模からの企業成長過程を想定すると，負債のコストより自己資本のコストの方が割安な場合，企業価値最大化モデルでは負債が利用されないのに対し，株価最大化モデルでは負債を利用するのが最適となり最適負債政策に差が出る可能性がある．

(4′) 両モデルの不一致をもたらす1つの事情は，状態変数の初期時点におけるjumpである．すなわち，負債の初期値は実質的には外生的に所与と想定するわけにはいかないのであり，それはジョルゲンソン・モデルの最適解が持つ特徴と同様である．

注

* 本章は，阿部(2000)を基礎にしているが，新株発行の可能性を加え，また，制約

条件の一部を変更し，ほぼ全面的な修正を行っている．

(1) たとえば，永谷 (1982)，鴨池 (1990) 参照．

(2) 本章では，内部留保REは，投資に回されるか，配当や負債の償還に利用されるかのいずれかである．企業のバランスシートの資本の部に準備金等として計上され，自己資本となるものとしているが，Loon (1983) やKort (1988, 1989) などヨーロッパの経済学者の文献では，新株発行のないモデルで，$S=RE$という本章のモデルと同様の定式化が行われている．なお，本章は負債のagency costをモデルに組み込んでいない．第3章のように，モデルに組み込んだ場合，(5.4)は，

$$D=(1-\tau)\left[R(K)-C(I)-rB\right]+\tau\delta K-RE-a(\lambda)B$$

のように示されるが，割引率としての資本コストを最小化する最適負債－自己資本比率が決定されるという構造にはなっていない．その意味で，モデルの基本構造が異なると考えられる．

(3) 初期時点以降，裁定条件が成立し続けるとの仮定が，合理的期待形成仮説に基づく完全予見 (perfect foresight) と整合的であることが知られている．浅子・加納・佐野 (1990)，齋藤 (1996) 等参照．この意味で，本章で定式化される投資モデルも完全予見モデルと位置づけることもできよう．

(4) (5.12)の導出は次のようになされる．まず，(5.10)の両辺に$e^{-\theta_1 rt}$を乗じて整理すると，

$$\frac{d}{dt}\left(e^{-\theta_1 rt}zE\right)-e^{-\theta_1 rt}z\dot{E}=-e^{-\theta_1 rt}\theta_2 D$$

が得られ，さらにこの両辺を現在時点から無限の将来まで積分することにより得られる．なお，(5.12)で新株発行額が税で調節された配当総額から差し引かれているが，これは，既存株主の配当請求権が新株発行額だけ薄められること (希薄化) を意味している．Hayashi (1985) 参照．

(5) というのは，配当の割引現在価値を$\theta_1 r$とは異なった割引率を使って，$\theta_2 D-u$を株価総額ではなく企業価値と結びつけることもできるからである．これを以下に示しておく．株価総額$z(t)E(t)$と企業価値$V(t)$とは，

$$V(t)=B(t)+z(t)E(t)$$

という関係にある．そこで，上式と(5.10)より，

$$\theta_2 D - z\dot{E} + \dot{V} = \left(\frac{\theta_1 r}{1+\lambda} + \frac{\lambda}{1+\lambda}\frac{\dot{B}}{B}\right)V$$

を得る．ここで，

$$\Gamma = \frac{\theta_1 r}{1+\lambda} + \frac{\lambda}{1+\lambda}\frac{\dot{B}}{B}$$

とおけば，上の2式から，

$$\dot{V} - \Gamma V = -(\theta_2 D - z\dot{E})$$

が得られるから，

$$V(0) = \int_0^\infty \exp\left(-\int_0^t \Gamma(s)ds\right)(\theta_2 D - z\dot{E})dt$$

という形で企業価値を表すことができる．なお，ここで，$\lim_{t\to\infty} e^{-\Gamma t}V = 0$ が仮定されている．なお，割引率 Γ は次のように表すこともできる．

$$\Gamma = \frac{zE}{V}\frac{\dot{z}E + D}{zE} + \frac{B}{V}\frac{\dot{B}}{B}$$

また，Auerbach (2002) が指摘するように，ここで将来の配当に対する割引率として使われる株主の要求収益率が配当税率に影響を受けない，という事実は興味深い．

(6) Auerbach (2002), p.1256参照．
(7) 後述するように，負債の初期条件 $B(0) = B_0$ は，実質的には所与と考えることは適当ではない．
(8) Hayashi (1985) では，$\beta_2 > \beta_3$, すなわち，$\theta_2 < 1$ の場合，retention (内部留保) は，新株発行より cheaper であると述べている．本章のモデルでも，RE_{min} と u_{max} が生じることはないと述べたが，これも $\theta_2 < 1$ の仮定の下で成立する．
(9) Hayashi (1985) の regime 1 は領域IIIに，regime 2 は領域Iに，そしてregime 3 は，領域IIに対応していると考えられる．本章のモデルでは，さらに各領域がそれぞれ3つのケースに細分化されている．
(10) Poterba and Summers (1983)，Hayashi (1985)，Auerbach (2002) や Edwards and Keen (1984) など多くの論文においても，$\beta_3 < \beta_2 \Leftrightarrow \theta_2 < 1$ の下では，正の配当と新株発行は同時には生じないという結果が示されている．なお，Bond and

Meghir (1994) は，正の配当と新株発行を同時に実施している事実があることを紹介しているが，このことは，Dividend Puzzle と呼ばれている．

(11) 我が国の税制度では，利子所得税率は法人税率よりも低く（$\beta_1 < \tau$），$\theta_1 > 1 - \tau$ が成立していると考えられる．たとえば，小西 (1990) によれば，我が国の場合，およそ $\beta_1 = 0.2, \beta_2 = 0.3, \beta_3 = 0$ であり，この場合，$\theta_1 r > (1 - \tau) r$ が成立している．

(12) 小川・北坂 (1998) では，借入制約の程度を表す指標として，ラグランジュ関数 α_2 の推定を行っている (第11章)．

第6章　規制と投資[*]
－アバーチ・ジョンソンモデルの動学化－

第1節　はじめに

　Averch and Johnson (1962) は，私的独占企業に対して政府による報酬率規制が行われた場合，当該企業の雇用や投資行動がどのような影響を受けるかという問題に対する先駆的研究である．彼らの研究に続いて，多くの論文が発表され，非線形計画法の厳密な適用等によって，問題の構造や厚生経済学的含意が明らかにされてきた．そこでの主要な結論は，資本収益率に対する規制は，企業が保有する資本ストックを過剰にする傾向があるというものである．これが，アバーチ・ジョンソン効果 (A-J効果) あるいはover-capitalization thesisと呼ばれるものである．

　A-J効果に関する研究の発展としてモデルの動学化がある．静学モデルでは，必要とされる資本ストックが借入れによって自由に調達できると仮定されており，動学的投資行動は含まれていなかった．Peterson and vander Weide (1976) は，調整費用型投資モデルを使って，初めて動学化を試み，必ずしもA-J効果が生じないことを示したが，El-Hodiri and Takayama (1981) は，これを批判しA-J命題の成立を主張した．

　また，Dechert (1984) は，Peterson and vander Weide (1976) およびEl-Hodiri and Takayama (1981) のモデルに「規模の経済」を組み込むと，必ずしもA-J効果が生じなくなると主張した．さらに，資本市場の不完全

性を導入し，El-Hodiri and Takayama (1981) とは多少異なる定式化としてNiho and Musacchio (1983) があるが，必ずしもA-J命題が成立するわけではないという結果を示した．

動学的投資モデルにおいて，真に過剰投資の必然性を示すモデルがほとんど見あたらないというのが現状である．1つの例外は，Spulber and Becker (1983) である．彼らは，2期間モデルを使って，投資に伴う調整費用が規制制約式に組み込まれたモデルの定式化を行っており，この調整費用を規制制約へ組み込んだことが最適解の特質，とくに，A-J命題の成否に決定的な変更をもたらしている[1]．

ところで，動学的投資理論の枠組みで過剰投資の問題を考える場合，フローとしての投資が有効な規制に対して過剰となるかどうかという問題と，長期均衡資本ストックについての問題を区別する必要があろう．企業が長期均衡において保有する資本ストック水準が規制の存在によってどのような影響を受けるかという問題と，その均衡への調整スピードがどのような影響を受けるかという問題は同一の問題ではない．これまでの研究では，長期均衡資本ストックの問題に重点が置かれてきた．以下では，フローとしての投資に関するA-J効果と，資本ストックについてのそれとを区別して分析する．

本章の構成は次の通りである．第2節では，Peterson and vander Weid (1976) および El-Hodiri and Takayama (1981) によって定式化，検討されたモデルの整理を行う．そして，第3節では，投資に伴う調整費用が規制制約式に組み込まれたモデルを定式化し，第4節で，A-J命題が成立するかどうかを検討する．最後に，第5節で，結果と要約を述べる．

第2節　公正報酬率規制とA-J効果

まず, Peterson and vander Weide (1976) および El-Hodiri and Takayama (1981) のモデルが次のように示される.

$$\underset{I,\ L}{Max} \int_0^\infty [R(K,L) - wL - P_K I - C(I)]e^{-rt}dt \quad (6.1)$$

subject to

$$\dot{K} = I - \delta K, \quad K(0) = K_0 \quad (6.2)$$

$$sK - R(K,L) + wL \geq 0 \quad (6.3)$$

ここで, K, L および I は, それぞれ資本ストック, 雇用量, および粗投資である. また, $R(K,L)$ は収入関数を表し,

$$R_K(K,L) > 0, \quad R_L(K,L) > 0$$

$$R_{KK}(K,L) < 0, \quad R_{LL}(K,L) < 0, \quad R_{KL}(K,L) > 0 \quad (6.4)$$

$$R(0,0) = 0$$

が仮定される. すなわち, $R(K,L)$ は strictly concave であると仮定される. $C(I)$ は投資に伴う調整費用を表し,

$$C(I) > 0, \quad C'(I) > 0, \quad C''(I) > 0 \quad \text{for} \quad I > 0, \quad (6.5)$$

$$C(0) = C'(0) = 0$$

が仮定される. s, w, r および δ は, それぞれ公正報酬率, 賃金率, 割引率そして資本減耗率である. P_K は, 産出量で測った資本財1単位当りの購入価格であり, 時間を通じて一定と仮定される.

この問題に対する最適性の必要条件は, ラグランジュ関数 W を,

$$W = R(K,L) - wL - P_K I - C(I) + q(I - \delta K) + \mu[sK - R(K,L) + wL] \quad (6.6)$$

とおくとき，以下の条件を満たす関数$q(t)$および$\mu(t)$が存在することである．

$$\dot{q} = rq - \frac{\partial W}{\partial K} = (r+\delta)q - \mu s - (1-\mu)R_K(K,L) \tag{6.7}$$

$$\frac{\partial W}{\partial I} = -P_K - C'(I) + q = 0 \tag{6.8}$$

$$\frac{\partial W}{\partial L} = (1-\mu)(R_L - w) = 0 \tag{6.9}$$

$$\mu \geq 0, \quad \mu[sK - R(K,L) + wL] = 0 \tag{6.10}$$

さらに，次の横断条件が仮定される．

$$\lim_{t \to \infty} e^{-rt} q(t) K(t) = 0 \tag{6.11}$$

ここで，qは状態変数Kに対応したcurrent valueの補助変数であり，μは規制制約(6.3)に対応したラグランジュ乗数である．El-Hodiri and Takayama (1981) は，このモデルにおいてA-J命題が成立するという結果を示したが，以下のような問題点を持っている．

(1) El-Hodiri and Takayama (1981) は，規制制約の有効性にかかわらず，$R_L = w$が成立するものと仮定したが，制約が有効な場合，必ずしも成立しない．

(2) 上の$R_L = w$を使って，$s = R_K$を導出しているが，これも必ずしも成立しない．

というのは，規制制約が有効な場合には，$R_L = w$を満たすKとLの組み合わせは実行不可能となるからであった．結局，El-Hodiri and Takayama (1981) のモデルでも，必ずしもA-J命題は成立せず，過剰投資，過少投資，中立の3つのケースが起こりうるのである．以下，それを簡単に示しておこう．

まず，このモデルでは，雇用量の決定が重要である．資本収益率関数を，

$$\rho(K,L) = \frac{R(K,L) - wL}{K} \tag{6.12}$$

とおくと，この資本収益率関数は，$R(K,L)$のstrictly concavityから，任意のKの水準において，Lに関する極大値を持つ．この極大値は，Lが$R_L=w$を満たすときに得られるが，規制制約が有効な場合，$s<\rho(K,L)$となる部分が生じ，$R_L=w$を満たすLを選択できないのである．そして，$s=\rho(K,L)$を満たす2つの雇用水準L_1あるいはL_2が選択される．これが，このモデルの特徴でもあるが，有効な規制制約に対して，雇用量で調節が行われるのである．そして，規制制約が有効で$R_L\neq w$のときには，(6.9)から，必ず$\mu=1$となる．

次に，投資決定について．まず，規制制約が有効な場合とそうでない場合が次のような2つのシステムとして示される．

(1) 規制制約が非有効なシステム

$$\dot{K}=I-\delta K, \quad K(0)=K_0 \tag{6.13}$$

$$\dot{q}=(r+\delta)q-R_K(K,L) \tag{6.14}$$

$$q=P_K+C'(I) \tag{6.15}$$

$$R_L=w \tag{6.16}$$

(2) 規制制約が有効なシステム

$$\dot{K}=I-\delta K, \quad K(0)=K_0 \tag{6.17}$$

$$\dot{q}=(r+\delta)q-\mu s \tag{6.18}$$

$$q=P_K+C'(I) \tag{6.19}$$

$$\mu=1 \tag{6.20}$$

$$sK-R(K,L)+wL=0 \tag{6.21}$$

問題は，2つのシステムが絡み合いながら現れることによって複雑な様相を呈することにある．公正報酬率sがどのような水準に与えられるか，すなわち，規制の強さがどうかによってさまざまな状況が現れる．十分に小さい資本ストックK_0から出発すると想定すると，資本収益率関数の性質から，Kの水準が小さいほど，規制が有効となり，資本蓄積が進むにつれて

規制が非有効となる．この規制制約が有効から非有効への切換点がポイントとなる．結局，問題は，切換点$\overline{K}$と2つのシステムの長期均衡点$\hat{K}^0$，$\hat{K}^*$の間の大小関係に帰着されることになる．なお，切換点は，任意の公正報酬率sに対して，$R_L=w$と$sK-R(K,L)+wL=0$を同時に満たす．したがって，このとき，

$$s=\frac{R(\overline{K},L)-R_L L}{\overline{K}} \tag{6.22}$$

が成立するが，この両辺に$1/(r+\delta)$を乗じたものが切換曲線である．

状況は，公正報酬率の水準に応じて定まる$\overline{K}$，$\hat{K}^0$，$\hat{K}^*$の大小関係によって次の4つの局面に整理される．

$$S_1=\{s:\hat{K}^*<\hat{K}^0<\overline{K}\}$$

$$S_2=\{s:\hat{K}^0<\hat{K}^*\leq\overline{K}\}$$

$$S_3=\{s:\hat{K}^0<\overline{K}<\hat{K}^*\}$$

$$S_4=\{s:\overline{K}\leq\hat{K}^0<\hat{K}^*\}$$

ここで，S_1から順に公正報酬率は高くなる．そして，各ケースにおける長期均衡資本ストックをK^cとすると，以下が成立する．

$S_1: \hat{K}^*=K^c<\hat{K}^0<\overline{K}$ → undecapitalization

$S_2: \hat{K}^0<\hat{K}^*=K^c\leq\overline{K}$ → overcapitalization

$S_3: \hat{K}^0<\overline{K}=K^c<\hat{K}^*$ → overcapitalization

$S_4: \overline{K}\leq\hat{K}^0=K^c<\hat{K}^*$ → neutral

以上を要約する．公正報酬率が十分に高い場合には，A-J効果は生じないが，規制を強めてある高さまで下げると生じる．さらに一定水準以下まで下げると，逆に，過少投資が生じるというのが我々の分析結果である．

第3節　投資で調整される規制モデル

3-1　モデル

調整費用型投資理論の枠組みで，被規制企業の投資行動を明示的にモデル化したPeterson and vander Weide (1976) およびEl-Hodiri and Takayama (1981) においては，有効な規制に対して，調整が主として雇用量によって行われるというのが特徴となっている．その理由は，規制制約式の中に変数として投資が含まれておらず，規制制約が有効なとき，投資水準を増大させてもそれ自体は資本報酬率を低下させることができないからである．そこで，この節では，規制制約式の中に投資を含んだモデルを検討する．

この節で検討するモデルは次のように示される．

$$Max \int_0^\infty [R(K, L) - wL - P_K I - C(I)] e^{-rt} dt \tag{6.23}$$

subject to

$$\dot{K} = I - \delta K, \qquad K(0) = K_0 \tag{6.24}$$

$$sK - R(K, L) + wL + C(I) \geq 0 \tag{6.25}$$

このモデルがPeterson and vander Weide (1976) およびEl-Hodiri and Takayama (1981) と異なる点は，規制制約式(6.25)に投資に伴う調整費用$C(I)$が含まれていることである．

このモデルに最適解 (内点解) が存在するとすれば，それが満たすべき必要条件は次のように示される．まず，ラグランジュ関数が次のように定義されるとき，

$$W = R(K, L) - wL - P_K I - C(I) + q(I - \delta K) + \mu [sK - R(K, L) + wL + C(I)] \tag{6.26}$$

以下の条件を満たす関数$q(t)$および$\mu(t)$が存在しなければならない[2]．

$$\dot{K} = I - \delta K, \qquad K(0) = K_0 \tag{6.27}$$

$$\dot{q} = (r+\delta)q - \mu s - (1-\mu)R_K(K,L) \tag{6.28}$$

$$(1-\mu)[R_L(K,L) - w] = 0 \tag{6.29}$$

$$q = P_K + (1-\mu)C'(I) \tag{6.30}$$

$$sK - R(K,L) + wL + C(I) \geq 0 \tag{6.31}$$

$$\mu \geq 0, \quad \mu[sK - R(K,L) + wL + C(I)] = 0 \tag{6.32}$$

さらに,次のような横断条件が仮定される.

$$\lim_{t \to \infty} e^{-rt} q(t) K(t) = 0 \tag{6.33}$$

ここで,qは,資本ストックKに対応するcurrent valueの補助変数,μは規制制約(6.25)に対応したラグランジュ乗数である.

3-2 最適投資・雇用政策

上の必要条件において,ラグランジュ乗数μの非負性を考慮すると,次の2つのケースが可能である.

(a) $\quad \mu = 0 \tag{6.34}$

(b) $\quad 0 < \mu < 1 \tag{6.35}$

ケース(a)は,規制制約(6.25)が非有効な場合であり,(b)のケースは有効な場合に成立する.$\mu = 1$の場合には,ラグランジュ関数が

$$W = -P_K I + q(I - \delta K) + sK \tag{6.36}$$

となり,変数として雇用水準Lが含まれず,また最適投資水準が内点解として存在しない.また,$\mu > 1$の場合には,ラグランジュ関数WがLに関して凸となり,極大値をもたらす雇用水準が存在しないことになる.そこで以下,$0 \leq \mu < 1$の場合に分析を限定する.

まず，全計画期間を通じて規制制約が有効であるケース ($0 < \mu < 1$) と，非有効なケース ($\mu = 0$) について分析を行う．計画期間中に規制制約が有効な部分と，有効でない部分とを含む一般的なケースについては後で検討する．そこで，それぞれのケースについて，体系の運動がどのように示されるかを見てみよう．

(a) $\mu = 0$ のケース

規制制約(6.25)は非有効であるから，体系の運動は次のように示される[3]．

$$\dot{K}^0 = I^0 - \delta K^0, \quad K^0(0) = K_0 \tag{6.37}$$

$$\dot{q}^0 = (r + \delta) q^0 - R_K(K^0, L^0) \tag{6.38}$$

$$q^0 = P_K + C'(I^0) \tag{6.39}$$

$$R_L(K^0, L^0) = w \tag{6.40}$$

全計画期間を通じてこのケースが成立すれば，最適経路は，図6.1のように示される．同図E^0は長期均衡点であり，鞍点である．また，$\hat{K}^0$は長期均衡資本ストックである．なお，最適雇用政策は，周知の命題「労働の限界収入生産物は(貨幣)賃金率に等しい」が適用される．結局，このケースは規制の存在しないケースに還元される．

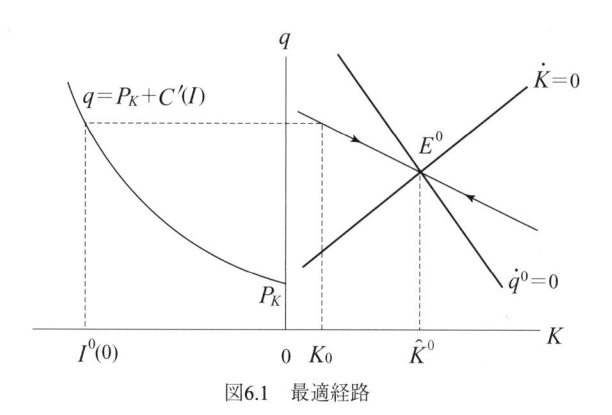

図6.1 最適経路

(b)　$0 \leq \mu < 1$ のケース

　この場合，規制制約は有効であり，体系の運動は次のように示される．

$$\dot{K}^* = I^* - \delta K^*, \quad K^*(0) = K_0 \tag{6.41}$$

$$\dot{q}^* = (r+\delta)q^* - \mu s - (1-\mu)R_K(K^*, L^*) \tag{6.42}$$

$$q^* = P_K + (1-\mu)C'(I^*) \tag{6.43}$$

$$R_L(K^*, L^*) = w \tag{6.44}$$

$$sK^* - R(K^*, L^*) + wL^* + C(I^*) = 0 \tag{6.45}$$

なお，$\dot{q}^* = 0$ -locusは，

$$q = \frac{1}{r+\delta}\bigl[\mu s + (1-\mu)R_K(K,L)\bigr] \tag{6.46}$$

で示される．すなわち，$\dot{q}^* = 0$-locusは，$q = R_K(K,L)/(r+\delta)$曲線（$\dot{q}^0 = 0$-locus）と水平線$q = s/(r+\delta)$の間に位置している（図6.2-a参照）．ただ，$\dot{q}^* = 0$ -locusが時間の経過とともに，図6.2-aA点を中心に回転する．というのは，最適経路に沿ってラグランジュ乗数μが変化するからである．したがって，長期均衡点E^*も時間の経過とともに，図6.2-a，E^0と$\overline{E}$の間を移動することになる．

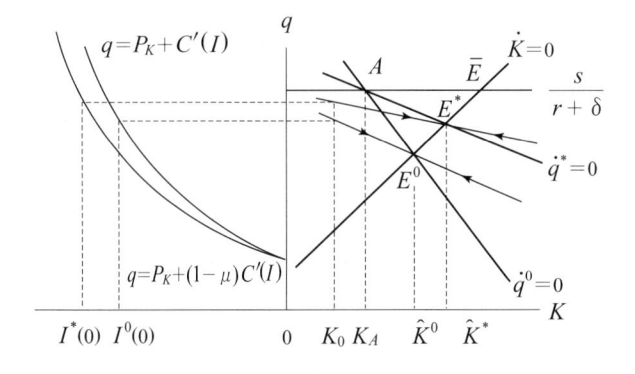

図6.2-a　$s > R_K(\hat{K}^0, \hat{L}^0)$

図6.2-b　$s < R_K(\hat{K}^0, \hat{L}^0)$

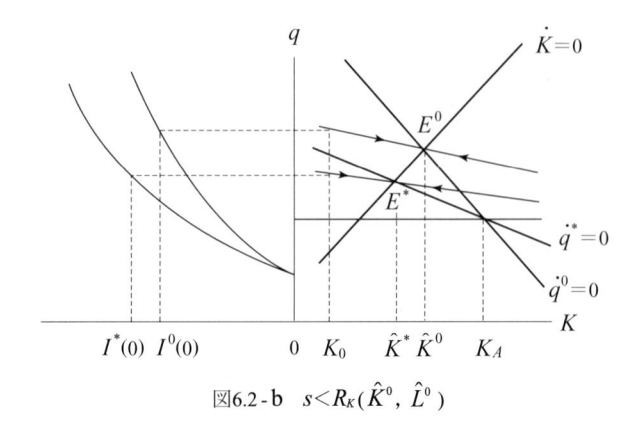

3-3　資本収益率関数の構造と制約等高線

　計画期間中に規制制約が有効である区間と有効でない区間とをともに含む一般的ケースについて，それらの区間がどのように決定されるかを分析する．まず，規制制約(6.25)は，資本収益率関数を $\rho(K,L,I)$ とするとき，次のように示される．

$$\rho(K,L,I) = \frac{R(K,L) - wL - C(I)}{K} \leq s \tag{6.47}$$

　そこで，K を任意の値に固定し，粗投資をゼロ（$I=0$）としたとき，

$$\frac{\partial \rho(K,L,I)}{\partial L} = \frac{R_L - w}{K} \gtreqless 0 \quad \text{as} \quad R_L \gtreqless w \tag{6.48}$$

$$\frac{\partial^2 \rho(K,L,I)}{\partial L^2} = \frac{R_{LL}}{K} < 0 \tag{6.49}$$

であるから，資本収益率関数 $\rho(K,L,I)$ は L に関してユニークな極大点を持つ．さらにその極大値は，$I=0$ にしたまま K を増加させるとき減少する．というのは，収入関数の strictly concavity により，

$$\left.\frac{\partial \rho(K,L,I)}{\partial K}\right|_{R_L=w, I=0} = -\frac{R(K,L)-R_K K - R_L L}{K^2} < 0 \qquad (6.50)$$

が成立するからである．この場合の資本収益率関数の構造を(K,L,ρ)空間上に描けば図6.3のように示されるであろう．

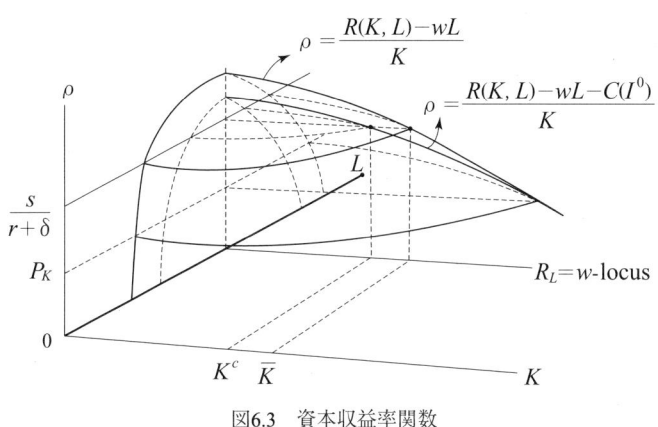

図6.3　資本収益率関数

粗投資がゼロでない場合 $(I \neq 0)$ には，資本収益率関数の山の高さは，$C(I)/K$だけ変化することになる．前節で述べたように，規制制約(6.25)が非有効なとき，各資本ストック水準に対して最適投資計画が対応するので，それを$I^0(K)$とすれば，資本収益率関数の山の高さは，$C(I^0)/K$だけ変化する．そこで，この資本収益率の山 $\rho = \left[R(K,L) - wL - C(I^0)\right]/K$ を，(K,L,ρ)空間における平面 $\rho = s$ で切断し，その断面図を描くと典型的には図6.4のような「制約等高線」を得る．なお制約等高線の形状は，基本的には，収入関数および調整費用関数の形状に依存し，場合によっては制約等高線が楕円形のことも考えられよう．さて制約等高線の内側のKとLの組合せに対しては，$\rho = \left[R(K,L) - wL - C(I^0)\right]/K > s$であるから，規制制約(6.25)は満たされず，またその外側においては，$\rho = \left[R(K,L) - wL - C(I^0)\right]/K < s$ が成立するので規制制約は非有効である．制約等高線上の点

においてのみ，$\rho = [R(K,L) - wL - C(I^0)]/K = s$ が成立する．このような制約等高線は，さまざまな公正報酬率 s の値に応じて1本ずつ描かれるが，この制約等高線が位置する資本ストックの範囲が「規制区間」である．

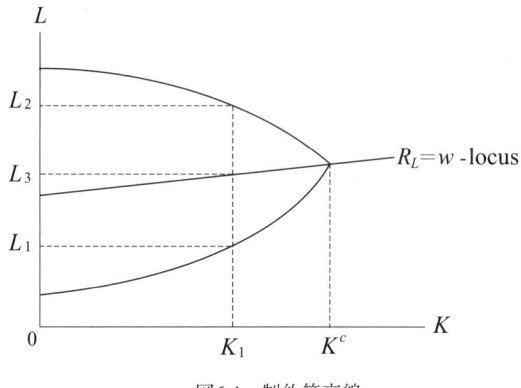

図6.4　制約等高線

次に，最適な雇用および投資がどのように決定されるかを見てみよう．$0 \leq \mu < 1$ の場合には，$R_L = w$ が成立しなければならない．図6.4において，資本ストックが K_1 であるとしよう．このとき，雇用水準 L_1 および L_2 は規制制約(6.25)を満たすものの，$R_L = w$-locus 上にはないので，労働に関する最適条件(6.44)を満たしていない．換言すれば，企業が有効な規制制約に直面した場合，雇用水準を L_3 から L_1 または L_2 へ調整することによって規制制約を成立させる方法は最適ではない．かくして雇用は，$R_L = w$-locus 上の L_3 でなければならず，この場合，規制制約は投資を調整することによって満たされることになる．

次に投資決定について見てみよう．すでに見たように，$0 \leq \mu < 1$ のケースでは，資本ストック K と労働 L の組合せは $R_L = w$-locus 上で選ばれるから，$R_L = w$-locus 上の資本収益率が粗投資によってどのように変化するかに焦点をあてればよい．まず，ある所与の報酬率規制 s に対して，規制制約が有効でない場合の投資政策をとったとき，制約条件，

$$\frac{R(K,L)-wL-C(I^0)}{K} \leq s \tag{6.51}$$

が満たされるならば，規制制約が有効でない場合の投資政策I^0が最適政策となる．そして，これが満たされない「規制区間」における投資(I^*)は，

$$\rho(K,L,I^*) = \frac{R(K,L)-wL-C(I^*)}{K} = s \tag{6.52}$$

によって決定される．このとき，

$$\frac{R(K,L)-wL-C(I^*)}{K} = s < \frac{R(K,L)-wL-C(I^0)}{K} \tag{6.53}$$

であるから，規制区間内の同一の資本ストック水準に対して，規制制約が有効な場合の投資の方が，有効でない場合に比べて大きい．すなわち，

$$I^0(K) < I^*(K) \quad \text{for} \quad K < \bar{K} \tag{6.54}$$

が成立する．このことから，規制制約が有効な場合の投資は，そうでない場合より過剰になる．換言すれば，規制制約を満たすように投資による調整を行わざるを得ないことを示している．なお，$\bar{K}$は規制区間の上限である．

次に，規制区間内における投資($I^*(t)$)が時間の経過とともにどのように変化するかを見てみよう．まず規制制約が有効であるとき成立する(6.45)を時間tで微分し，$R_L = w$を考慮すると次式を得る．

$$[s - R_K(K,L)]\dot{K} + C'(I)\dot{I} = 0 \tag{6.55}$$

したがって，$\dot{I}$の符号は$s-R_K(K,L)$と$\dot{K}$の符号によって決定される．$s-R_K(K,L)$の符号は，資本ストックが$\dot{q}^0=0$曲線と$q=s/(r+\delta)$の交点に対応する資本ストック水準K_Aより大であるか小であるかに依存する．資本蓄積過程($\dot{K}>0$)について考えると，次のことが成立する．

$$\dot{I} \gtreqless 0 \quad \text{as} \quad K_A \gtreqless \bar{K} \tag{6.56}$$

したがって，K_Aが規制区間内$(0, \bar{K}]$に存在するとき，$\dot{K}>0$ならば，投資は当初増加するけれども，いずれ減少するようになる．なお，$\dot{K}<0$の場合についても同様に分析することができる．

第4節　可能な最適経路のパターンとA-J効果

次に，公正報酬率がさまざまな水準に設定されるとき，最適経路がどのような特徴を示すかを検討する．最適経路のパターンを決定づけるのに重要な役割を果たすのは，2つの長期均衡資本ストック水準$\hat{K}^0$，$\hat{K}^*$と，規制区間の上限$\bar{K}$の各水準である．以下では，規制区間の下限がゼロであるとする．まず，$\hat{K}^0$と$\hat{K}^*$の位置関係が，公正報酬率sと規制が存在しない場合の長期均衡資本ストック水準における資本の限界収入生産物$R_K(\hat{K}^0, \hat{L}^0)$の関係によって決定される（図6.2a, b参照）．すなわち，

$$s > R_K(\hat{K}^0, \hat{L}^0) \Rightarrow \hat{K}^0 \leq \hat{K}^*$$
$$s = R_K(\hat{K}^0, \hat{L}^0) \Rightarrow \hat{K}^0 = \hat{K}^*$$
$$s < R_K(\hat{K}^0, \hat{L}^0) \Rightarrow \hat{K}^0 \geq \hat{K}^*$$

が成立する．

次に，規制区間の上限$(\bar{K})$がどのように決定されるかであるが，一般的には，公正報酬率s，収入関数および調整費用関数の形状に依存する．大まかに言えば，公正報酬率が高いほど，規制区間の上限は小さく，調整費用関数$C(I)$の勾配が緩やかであるほど，$\bar{K}$は相対的に大きい．しかし最適経路のパターンを決定する上で重要なのは，資本ストック水準$\bar{K}$が，$\hat{K}^0$および$\hat{K}^*$の水準とどのような位置関係にあるかである．とくに，$\bar{K} < \hat{K}^*$の場合，$\hat{K}^*$は規制区間の外に位置し長期均衡資本ストックとはならない．

というのは，この場合$\dot{q}=0$-locusは，

$$q=\frac{\mu s+(1-\mu)R_K(K,L)}{r+\delta} \quad \text{for} \quad K \leq \bar{K} \tag{6.57}$$

$$q=\frac{R_K(K,L)}{r+\delta} \quad \text{for} \quad K > \bar{K} \tag{6.58}$$

と表されるからである．(図6.5参照)

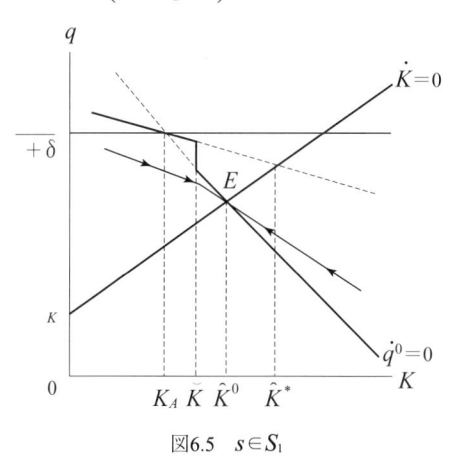

図6.5　$s \in S_1$

以下，次のような5つの場合を検討する[4]．このうちS_1, S_2, S_3は，$s > R_K(\hat{K}^0, \hat{L}^0)$の場合に成立し，$S_4, S_5$は，$s < R_K(\hat{K}^0, \hat{L}^0)$の場合に成立する[5]．

$$S_1 = \{s : \bar{K} \leq \hat{K}^0 < \hat{K}^*\}$$
$$S_2 = \{s : \hat{K}^0 < \bar{K} < \hat{K}^*\}$$
$$S_3 = \{s : \hat{K}^0 < \hat{K}^* \leq \bar{K}\}$$
$$S_4 = \{s : \bar{K} < \hat{K}^* \leq \hat{K}^0\}$$
$$S_5 = \{s : \hat{K}^* < \hat{K}^0 < \bar{K}\}$$

Case 5-1　$s \in S_1$　　$(\bar{K} \leq \hat{K}^0 < \hat{K}^*)$

図6.5を参照．この場合，長期均衡資本ストックは$\hat{K}^0$である．すべての

最適経路は$\hat{K}^0$に収束するが，最適経路の特徴は初期資本ストックK_0が規制区間内にあるか否かによる．まず，$K_0 \leq \bar{K}$の場合，最適経路は計画期間の前半において規制区間内に位置し，ある時刻に$\bar{K}$に到達する．そして以後「非規制経路」に沿って$\hat{K}^0$に収束する．他方，$\bar{K} < K_0$ならば，最適経路は全計画期間を通じて非規制経路上を進み，$\hat{K}^0$に収束する．この場合，$\hat{K}^0 < \hat{K}^*$となるが，最適経路が$\hat{K}^0$に収束するので，長期均衡資本ストックに関してA-J効果は生じない．しかし投資については，他のケースと同様，規制区間において過剰投資が生じる．

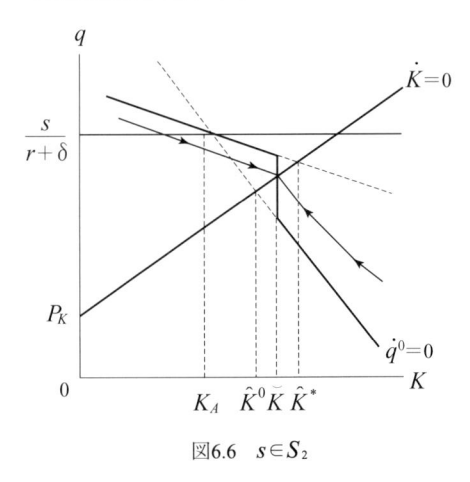

図6.6 $s \in S_2$

Case 5-2 $s \in S_2$ $(\hat{K}^0 < \bar{K} < \hat{K}^*)$

図6.6を参照．この場合，$\dot{q} = 0\text{-locus}$の$K = \bar{K}$における垂直部分が$\dot{K} = 0\text{-locus}$と交わっており，$\bar{K}$が長期均衡資本ストックである．$K_0 \leq \bar{K}$の場合には，全計画期間を通じて規制経路上を進み$\bar{K}$に収束する．他方，$\bar{K} < K_0$ならば，最適経路は全計画期間を通じて非規制経路を進み，$\bar{K}$に収束する．この場合，最適経路が$\bar{K}$に収束するので，長期均衡資本ストックに関してA-J効果が生じる．

図6.7 $s \in S_3$

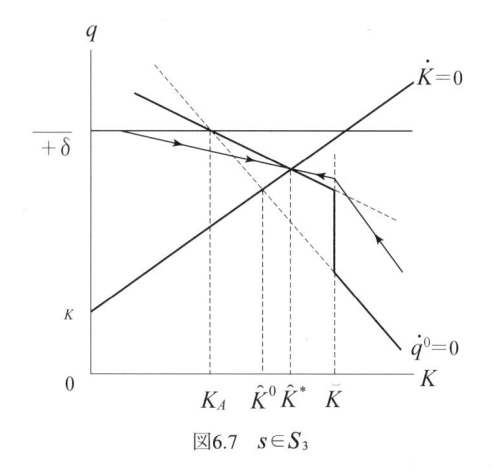

Case 5-3　$s \in S_3$　　$(\hat{K}^0 < \hat{K}^* \leq \breve{K})$

　図6.7を参照．この場合，長期均衡資本ストックは$\hat{K}^*$である．最適経路は，$K_0 \leq \breve{K}$ならば全計画期間を通じて規制経路上を進み$\hat{K}^*$に収束する．他方，$\breve{K} < K_0$ならば，計画期間の前半において(6.37)-(6.40)を満たす非規制経路上を$\breve{K}$まで進み，以後，規制経路に沿って$\hat{K}^*$に収束する．この場合，図6.7からも明らかなように，$\hat{K}^0 < \hat{K}^*$であるから長期均衡資本ストックに関してA-J効果が生じる．

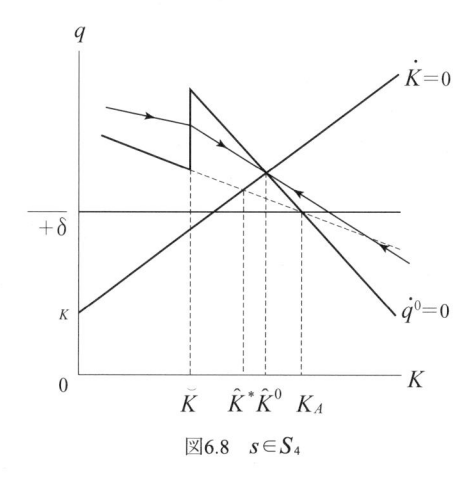

図6.8 $s \in S_4$

Case 5-4　$s \in S_4$　　$(\bar{K} < \hat{K}^* \leq \hat{K}^0)$

図6.8を参照．この場合，長期均衡資本ストックは$\hat{K}^0$である．最適経路は，$K_0 \leq \bar{K}$ならば計画期間の前半において(6.41)-(6.45)を満たす規制経路上を$\bar{K}$まで進み，以後，非規制経路に沿って$\hat{K}^0$に収束する．他方，$\bar{K} < K_0$ならば，最適経路は全計画期間を通じて非規制経路上を進み$\bar{K}$に収束する．この場合，最適経路が$\hat{K}^0$に収束するので，長期均衡資本ストックに関してA-J効果の逆，undercapitalizationが生じる．

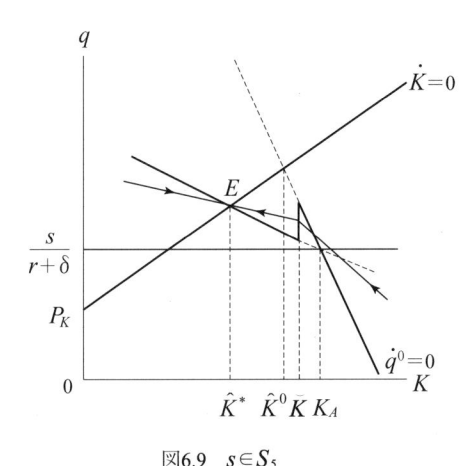

図6.9　$s \in S_5$

Case 5-5　$s \in S_5$　　$(\hat{K}^* < \hat{K}^0 < \bar{K})$

図6.9を参照．このケースにおいては，長期均衡資本ストックは$\hat{K}^*$である．この場合，最適経路は，$K_0 \leq \bar{K}$ならば全計画期間を通じて規制経路上を進み$\hat{K}^*$に収束する．他方，$\bar{K} < K_0$ならば，計画期間の前半において(6.37)-(6.40)を満たす非規制経路上を$\bar{K}$まで進み，以後，規制経路に沿って$\hat{K}^*$に収束する．最適経路のパターンはCase5-3と類似しているが，この場合は$\hat{K}^* < \hat{K}^0$が成立しているので，長期均衡資本ストックに関してA-J効果の逆，undercapitalizationが生じる．

以上の結果を示したのが表6.1である．

表6.1 A-J効果

	S_1	S_2	S_3	S_4	S_5
sの範囲		$s>R_K(\hat{K}^0, \hat{L}^0)$		$s<R_K(\hat{K}^0, \hat{L}^0)$	
長期資本ストック	$\hat{K}^0$	$\bar{K}$	$\hat{K}^*$	$\hat{K}^0$	$\hat{K}^*$
資本に関するA-J効果	neutral	over	over	neutral	under
規制区間内の投資		$I^0 < I^*$ (過剰投資)			

over: overcapitalization, under: undercapitalization

第5節 結語

以上，調整費用型投資理論の枠組みの中で，報酬率規制が企業の最適投資・雇用政策にどのような影響を及ぼすかという問題を分析した．そのとき，規制制約式に投資に伴う調整費用が含まれると仮定した．これが，El-Hodiri and Takayama (1981) タイプのモデルとの相違点である．

分析結果は以下の通りである．まず第1に，規制制約が有効な場合の調整方法についてであるが，3つの調整方法が存在する．El-Hodiri and Takayama (1981) では雇用が，Dechert (1984) では産出量が主たる調整役を果たしているが，我々のモデルでは，投資が主たる調整役を果たしている．

第2は雇用決定についてである．El-Hodiri and Takayama (1981) のモデルでは，規制制約は雇用水準を $R_L = w$-locus上から制約等高線上へと変化させるが，我々のモデルでは，たとえ規制制約が有効であっても，依然として $R_L = w$-locus上で雇用決定するのが最適となる．

第3は投資決定についてである．El-Hodiri and Takayama (1981) では，

計画期間中に規制制約が有効な区間があると，規制制約が非有効な区間の投資も影響を受けるが，我々のモデルでは，規制制約が有効な区間においてのみ過剰投資が生じる．また，規制区間内の投資経路の特徴が明らかにされた．すなわち，時間の経過とともに投資が増大する領域と減少する領域が存在する．

第4はA-J効果についてである．まず，長期均衡資本ストックに関するA-J効果については，公正報酬率sが，規制が存在しないケースの長期均衡で評価された資本の限界収入生産物より大きい場合A-J効果が生じ，逆の場合にはA-J効果の逆，undercapitalization が生じる．また，フローとしての投資に関するA-J効果については，公正報酬率sの水準にかかわらず，規制が有効な期間の投資を過剰にするということが明らかにされた．

Appendix：静学的アバーチ・ジョンソンモデル

　ここでは静学的枠組みで定式化されたアバーチ・ジョンソンモデル (以下静学的A-Jモデル) と呼ばれる公正報酬率規制を紹介する．政府にとっての基本問題は，規制対象企業の価格や投資が生産効率の点からどのようになされるべきかを決定する際必要とされる情報が完備していないことにある．公正報酬率規制においては，「公正」と考えられる資本収益率 (報酬率) を達成できるような価格を設定すべきであるとする．

　公正報酬率規制は伝統的な公益事業の料金規制として採用されてきた．たとえば，日本の電力・ガス産業，プライス・キャップ規制が採用される以前のアメリカのAT&T，現在もアメリカの多くの州で採用されている電力料金政策等である．

　静学的A-Jモデルは次のように定式化される．資本Kと労働Lを用い，新

古典派的生産関数$F(K, L)$の下で，生産物をYだけ生産する自然独占を考える．生産要素市場は競争的で，資本と労働はそれぞれ一定の価格r, wで自由に調達できるとする．ここで逆需要関数が次のように与えられていると想定する．

$$p = P(Y) = P[F(K, L)] \tag{6.59}$$

このとき，独占企業の利潤πが次のように表される．

$$\pi = P[F(K, L)]F(K, L) - rK - wL \tag{6.60}$$

もし規制がなければ費用を最小とするような資本・労働比率が決定される，生産要素の限界代替率と価格比率が等しくなるとき（$F_K/F_L = r/w$），費用最小の効率的生産が実現する．静学的A-Jモデルでは，利潤を制限できるようにするため，資本ストック1単位当りの報酬率sを規制する．すなわち，

$$\frac{P(Y)Y - wL}{K} \leq s \tag{6.61}$$

である．なお長期的に企業が存続できるためには，資本の報酬はそのコストより大きくなければならない（$s > r$）．いま収入を$P(Y)Y = R(K, L)$とすれば，利潤は，

$$\pi = R(K, L) - rK - wL \leq (s-r)K \tag{6.62}$$

と表される．静学的A-Jモデルにおいて，利潤を最大化するためには，できるだけ資本ストックKが大きくなるように選択することである．そうすれば$(s-r)K$の利潤が得られる．できるだけ資本を多く使用し，各産出水準に対しては労働をできるだけ資本に代替することである．そこに規制が生産効率を阻害する原因がある．

図6.10は，3次元空間(K, L, π)に利潤曲面(6.60)および規制制約面$\pi = (s-r)K$を描いたものである．この規制制約面より低い利潤曲面上のできるだけ高いπを与える点(K, L)を選ぶことが利潤最大化をめざす企

業の目的となる．また利潤曲面を規制制約面で切断した断面を (K, L) 平面に投影したものが図6.11である．図中の楕円内部は規制制約を満たさない (K, L) の組み合わせを示す．規制制約をちょうど満たす楕円上では，利潤は資本ストック量に比例するから，利潤最大点としてA点が選択される．A点を通る等量線と拡張経路の交点Bは，図のように楕円の内部にあり，それゆえ，A点では，与えられた生産量を最小費用で生産していないので資源配分上の歪みが生じる．

これに対して規制のない場合，自然独占は図6.11C点のような拡張経路上で生産を決定する．図6.11から明らかなように，A点における K/L は，拡張経路上の K/L より大きくなり，資本過剰 (overcapitalization) が生じるというアバーチ・ジョンソンの第1の結論が導かれる．なおA-Jモデルの第2の結論は，公正報酬率 s を資本コスト r に近づけると，資本ストックの使用量が増大するというものである．この点も図から容易に推測できよう．

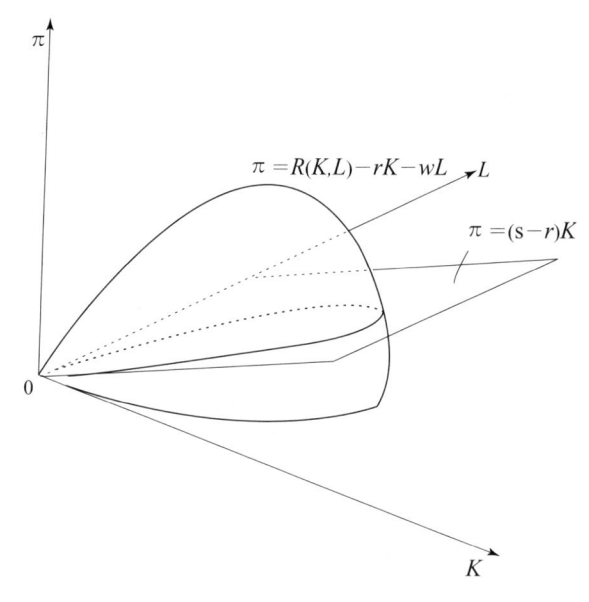

図6.10 利潤曲面と規制制約面

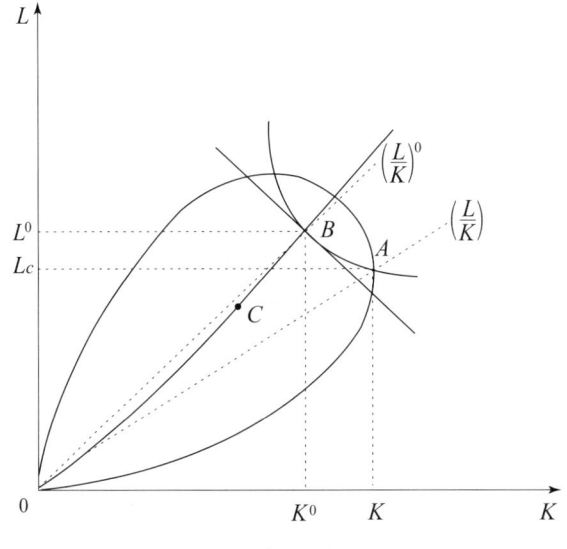

図6.11 資本過剰

注

* 本章は，片山誠一教授との共同研究の成果であるKatayama and Abe (1989, 1992) や阿部・片山 (1988)，片山・阿部 (1991) 等を整理したものである．本稿への掲載を快諾いただいた片山教授に感謝申し上げたい．
(1) Spulber and Becker (1983) においては，資本ストックはすべて競争的資本市場において借り入れることができると仮定されている．この場合，調整費用は借り入れる資本ストックを変化させるときに必要とされる労働者の再訓練費用などから構成されると仮定されている．なお，企業は第1期に設立されることになっているが，setup costs は存在せず，初期資本ストック K_1 を借り入れるときの調整費用は含まれない．したがって，企業は，第1期において，レンタル rK_1 を支払うだけで必要な資本ストックを入手できることになる．しかし我々のモデルでは，資本財はすべて新たに購入されるものと仮定する．なお，Spulber and Becker (1983) においては，A-J命題の検討に加えて，規制の遅れ (regulatory lag) や規制緩和 (deregulation) の効果も分析されている．

(2) このモデルにおける制約想定 (constraint qualification) は，たとえば，Takayama (1985, p.648) のLemma(iv) を適用すると，制約条件(6.25)が有効なとき，$C'(I) \neq 0$ ならば満たされる．またここでは，規制区間の上限における補助変数のジャンプの可能性は存在しないと仮定している．というのは，規制制約(6.25)に制御変数LとIがともに含まれているからである．

(3) 以下において，添字0(*)は，規制が有効でない(有効な)場合の経路である．

(4) なお，組み合わせとしては，$\hat{K}^* < K < \hat{K}^*$も可能であるが，補助変数$q(t)$の連続性の仮定からこのケースは不可能である．

(5) なお，公正報酬率sが$R_K(\hat{K}^0, \hat{L}^0)$に等しく設定された場合には，図6.2から明らかなように，$\hat{K}^0 = \hat{K}^*$が成立し，$K \leq \hat{K}^0 = \hat{K}^*$および$\hat{K}^0 = \hat{K}^* < K$のケースについて以下と同様の分析が可能である．

参考文献

欧文文献

Abel, A.B., 1979, *Investment and the Value of Capital*, Garland Publishing Inc..

Abel, A.B., 1982, Dynamic Effects of Permanent and Temporary Tax Policies in a q Model of Investment, *Journal of Monetary Economics*, Vol. 9, No. 3, 357-373.

Abel, A.B., 1982, Accelarated Depreciation and the Efficacy of Temporary Fiscal Policy, *Journal of Public Economics*, Vol. 19, 23-47.

Abel, A.B. and O.J. Blanchard, 1983, An Intertemporal Model of Saving and Investment, *Econometrica*, Vol.51, No.3, 675-692.

Arrow, K.J., 1962, Optimal Capital Adjustment, in Arrow, Karlin and Scarf eds., *Studies in Applied Probability and Management Science*, Stanford University Press, 1-17.

Arrow, K.J., 1964, Optimal Capital Policy, the Cost of Capital, and Myopic Decision Rules, *Annals of the Institute of Statistical Mathematics*, Vol.16, 21-30.

Arrow, K.J., 1968, Optimal Capital Policy with Irreversible Investment, in J.N. Wolfe, ed., *Value, Capital, and Growth*, in Honour of Sir John Hicks, Edinburgh University Press, 1968, 1-20.

Arrow, K.J. and M. Kurz, 1970, *Public Investment, the Rate of Return, and Optimal Fiscal Policy*, The Johns Hopkins Press.

Auerbach, A.J., 1979, Wealth Maximization and the Cost of Capital, *Quarterly Journal of Economics*, Vol. 93, 433-466.

Auerbach, A.J., 1983, Taxation, Corporate Financial Policy and the Cost of Capital, *Journal of Economic Literature*, Vol. 21, 905-940.

Auerbach, A.J., 1984, Taxes, Firm Financial Policy and the Cost of Capital:An Empirical Analysis, *Journal of Public Economics*, Vol. 23, 27-57.

Auerbach, A.J., 2002, Taxation, and Corporate Financial Policy, in Auerbach, A.J. and M.Feldstein eds. *Handbook of Public Economics*, Vol.3, North-Holland, 1251-1292.

Averch, H. and L.L. Johnson, 1962, Behavior of the Firm under Regulatory Constraint, *American Economic Review*, Vol. 52, 1053-1069.

Bond, S. and C.Meghir, 1994, Dynamic Investment Models and the Firm's Financial Policy, *Review of Economic Studies*, Vol.61, 197-222.

Brealey, R.A. and S.C.Myers, 1996, *Principles of Corporate Finance*, Fifth Edition, McGraw-Hill.

Brock, W.A. and S.T.Turnovsky, 1981, The Analysis of Macroeconomic Policies in Perfect Foresight Equilibrium, *International Economic Review*, Vol.22, No.1, 179-209.

Chirinko, R.S., 1987, Tobin's Q and Financial Policy, *Journal of Monetary Economics*, Vol.19, 69-87.

Chirinko, R.S., 1993, Business Fixed Investment Spending: Modeling Strategies, Empirical Results, and Policy Implications, *Journal of Economic Literature*, Vol. 31, 1875-1911.

Cuthbertson, K. and D. Gasparro, 1995, Fixed Investment Decisions in UK Manufacturing: The Importnance of Tobin's Q, Output and Debt, *European Economic Review*, Vol. 39, 919-941.

Davidson, R. and R. Harris, 1981, Non-convexities in Continuous-time Investment Theory, *Review of Economic Studies*, Vol. 48, 235-253.

Dechert, W. D., 1983, Increasing Returns to Scale and the Reverse Flexible Accelerator, *Economics Letters*, Vol.13, 69-75.

Dechert, D.S., 1984, Has the Averch-Johnson Effect Been Theoretically

Justified ?, *Journal of Economic Dynamics and Control*, Vol.8, 1-17.

Edwards, J. S. S. and M.J. Keen, 1984, Wealth Maximization and the Cost of Capital: A Comment, *Quarterly Journal of Economics*, Vol.98, 211-214.

Ekman, E.V., 1982, A Dynamic Financial Model of a Managerial Firm, in Feichtinger ed. *Optimal Control Theory and Economic Analysis*, North-Holland Publishing Company, 79-105.

El-Hodiri, M. and A. Takayama, 1981, Dynamic Behavior of the Firm with Adjustment Costs under Regulatory Constraint, *Journal of Economic Dynamics and Control*, Vol.3, 29-41.

Feichtinger,G.ed., 1992, *Optimal Control Theory and Economic Analysis*, North-Holland.

Feichtinger,G.and R.F.Hartl, 1986, *Optimale Kontrolle ökonomischer Prozesse*, de Gruyter.

Gould, J.P., 1968, Adjustment Costs in the Theory of the Firm, *Review of Economic Studies*,Vol.35, 47-56.

Haavelmo, T., 1960, *A Study in the Theory of Investment*, Chicago University Press.

Hartman, R., 1978, Investment Neutrality of Business Income Taxes, *Quarterly Journal of Economics*, Vol. 92,245-260.

Hayashi,F.,1982,Tobin's Marginal and Average q∶A Neoclassical Interpretation, *Econometrica*,Vol.50, No.1, 213-224.

Hayashi, F., 1985, Corporate Finance Side of the Q Theory of Investment, *Journal of Public Economics*, Vol.27, 261-280.

Hubbard, R.G., 1998, Capital-Market Imperfections and Investment, *Journal of Economic Literature*, Vol.36, No.1,193-225.

Jensen, M.C. and W. Meckling, 1976, Theory of the Firm:Managirial Behavior, Agency Costs and Ownership Structure ,*Journal of Financial Economics*,

Vol. 3, 305-360.

Jorgenson, D. W.,1963, Capital Theory and Investment Behaviour, *American Economic Review*,Vol. 53, 247-259.

Jorgenson, D.W.,1967, The Theory of Investment Behaviour, in R. Ferber,ed., *Determinants of Investment Behaviour*, 129-155.

Kamien, M. I. and N.Schwartz, 1991, *Dynamic Optimization: The Calculus of Variations and Optimal Control in Economics and Management*, Second Edition, North-Holland.

Katayama,S.and F.Abe,1989,Optimal Investment Policy of the Regulated Firm, *Journal of Economic Dynamics and Control*, Vol. 13, No. 4, 533-552.

Katayama, S. and F. Abe, 1990, Increasing Returns to Scale and Optimal Investment Policy of the Regulated Firm, *Kobe Economic & Business Review,* 34*th Annual Report*, 85-100.

Katayama, S. and F. Abe, 1992, Investment and Regulation: Increasing Returns to Scale and Adjustment Cost Clause, in G. Feichtinger, ed., *Dynamic Economic Models and Optimal Control*, 125-134.

King, M.A.,1974, Taxation and the Cost of Capital, *Review of Economic Studies*, Vol. 41, 21-35.

King, M.A., 1975, Taxation, Corporate Finanial Policy, and the Cost of Capital, *Journal of Public Economics*,Vol. 4, 271-279.

Klein, L. R., 1947, *The Keynesian Revolution* ,Macmillan.

Kort, P. M., 1988, Optimal Dynamic Investment Policy under Financial Restrictions and Adjustment Costs, *European Economic Review*, Vol. 32, 1769-1776.

Kort, P.M., 1989, *Optimal Dynamic Investment Policies of a Value Maximizing Firm*,Lecture Notes in Economics and Mathematical Systems ,330, Springer.

Loon, P. J. J.van, 1983, *A Dynamic Theory of the Firm: Production, Finance and Investment*, Lecture Notes in Economics and Mathematical Systems, 218, Springer.

Lucas, R.E., 1967, Adjustment Costs and the Theory of Supply, *Journal of Political Economy*, Vol.75, 321-334.

Milne, F., 1977, The Adjustment Cost Problem with Jumps in the State Variable, in Pitchford, J.D. and S.J. Turnovsky, eds., *Applications of Control Theory to Economic Analysis*, 107-125.

Modigliani, F. and M.H. Miller, 1958, The Cost of Capital, Corporation Finance and the Theory of Investment, *American Economic Review*, Vol.48, No.3, 261-297.

Modigliani, F.and M.H. Miller, 1963, Corporate Income Taxes and the Cost of Capital:A Correction, *American Economic Review*, Vol.53, 433-443.

Nakamura, T.,1994, Taxation, Corporate Growth and Financial Policy, *Yamaguchi Journal of Economics, Business Administrations & Laws*, Vol.42, No.1/2, 27-52.

Nickell, S., 1973, On the Role of Expectations in the Pure Theory of Investment, *Review of Economic Studies*, Vol.40, 1-19.

Niho, Y. and R.A. Musacchio, 1983, Effects of Regulation and Capital Market Imperfections on the Dynamic Behavior of a Firm, *Southern Economic Journal*, Vol.49, No.3, 625-36.

Oniki, H., 1969, Comparative Dynamics in the Theory of Optimal Growth, *Keizaigaku (Tohoku Economic Journal)* Vol.30, 48-57.

Oniki, H., 1973, Comparative Dynamics (Sensitivity Analysis) in Optimal Control Theory, *Journal of Economic Theory*, Vol.3, No.3, 265-283.

Osterberg, W.P., 1989, Tobin's q, Investment, and Endogenous Adjustment of Financial Structure, *Journal of Public Economics*, Vol.40, 293-318.

Peterson, D.W. and J.H. vander Weide, 1976, A Note on the Optimal

Investment Policy of the Regulated Firm , *Atlantic Economic Journal* , Vol. 4, 51-56.

Poterba , J .M .and L .H .Summers ,1983 ,Dividend Taxes , Corporate Investment, and 'Q' , *Journal of Public Economics* ,Vol .22 ,135-167.

Schijndel , G . J . C . T . van , 1986 , Dynamic Behaviour of a Value Maximizing Firm under Personal Taxation , *European Economic Review* , Vol. 30 , 1043-1062.

Schijndel , G . J .C .T . van , 1988 , *Dynamic Firm and Investor Behaviour under Progressive Personal Taxation* , Springer-Verlag.

Seierstad , A . and K . Sydsaeter , 1977, Sufficient Conditions in Optimal Control Theory , *International Economic Review* ,Vol.18 , 367-391.

Sinn , H .W ., 1987, *Capital Income Taxation and Resource Allocation* , North-Holland .

Skiba ,A .K .,1978, Optimal Growth with a Convex-concave Production Function, *Econometrica* ,Vol .46, 527-539.

Spulber , D . F. and R . A . Becker , 1983 , Regulatory Lag and Deregulation with Imperfectly Adjustable Capital , *Journal of Economic Dynamics and Control* ,Vol.6 , 137-151.

Stiglitz ,J.E., 1973, Taxation , Corporate Financial Policy and the Cost of Capital , *Journal of Public Economics* , Vol. 2 , 1-34.

Stiglitz ,J . E ., 1974 , On the Irrelevance of Corporate Financial Policy , *American Economic Review* , Vol. 64 , 851-866.

Summers , L . H ., 1981 , Taxation and Corporate Investment : A q-Theory Approach , *Brooking Papers on Economic Activity,* Vol.1 , 67-127.

Takayama , A ., 1985 , *Mathematical Economics* , Cambridge University Press.

Treadway , A . B ., 1969 , On Rational Entrepreneurial Behaviour and the Demand for Investment , *Review of Economic Studies* , Vol. 36 , 227-239.

Turnovsky, S.J., 2000, *Methods of Macroeconomic Dynamics*, MIT Press.

Uzawa, H., 1968, The Penrose Effect and Optimal Growth, *The Economic Studies Quartery*, Vol.19, 1-13.

Vind, K., 1967, Control Systems with Jumps in the State Variables, *Econometrica*, Vol.35, No.2, 273-277.

Yoshikawa, H., 1980, On the 'q' Theory of Investment, *American Economic Review*, Vol.70, No.4, 739-743.

Zajac, E.E., 1970, A Geometric Treatment of Averch-Johnson's Behavior of the Firm Model, *American Economic Review*, Vol.60, No.1, 117-125.

邦文文献

浅子和美・加納悟・佐野尚史，1990，「株価とバブル」『日本の株価・地価』西村清彦・三輪芳朗編，東京大学出版会，57-86.

足立英之，1994，『マクロ動学の理論』有斐閣.

足立英之，2000，『不完全競争とマクロ動学理論』有斐閣.

阿部文雄，1985，「企業投資と税制」『香川大学経済論叢』第58巻，第2号，151-158.

阿部文雄，1986a，「企業価値と投資」『香川大学経済論叢』第58巻，第4号，159-170.

阿部文雄，1986b，「企業投資と税制の比較動学分析」『香川大学経済論叢』第59巻，第1号，39-52.

阿部文雄・片山誠一，1987a，「報酬率規制と企業の最適投資政策」『香川大学経済論叢』第59巻，第4号，41-51.

阿部文雄・片山誠一，1987b，「報酬率規制下における規模の経済と企業の最適投資・雇用政策」『香川大学経済論叢』第60巻，第2号，87-112.

阿部文雄・片山誠一，1988，「規制と投資－アバーチ・ジョンソン効果について－」『香川大学経済論叢』第61巻，第2号，129-152.

阿部文雄，1990，「ジョルゲンソンの投資理論」『マルクス・ケインズ・新古典派』利岡彰三・中尾訓生・板垣有記輔編，晃洋書房.

阿部文雄, 1999, 「資本コスト, 税制および投資」『香川大学経済論叢』第72巻, 第3号, 315-339.

阿部文雄, 2000, 「新規株式発行と投資」『香川大学経済論叢』第73巻, 第3号, 351-361.

阿部文雄, 2001, 「株価最大化と企業の最適投資政策」『香川大学経済論叢』第74巻, 第3号, 119-133.

板垣有記輔, 1984, 「企業税制と設備投資」『創価経済論集』Vol.14, No.2, 39-54.

板垣有記輔, 1985, 『動的最適化と経済理論』多賀出版.

岩本康志, 1993, 「投機的株価と設備投資」『日本経済研究』Vol. 26, 30-52.

小川一夫, 1978, 「Jorgensonの投資理論」『六甲台論集』第5巻, 第3号, 30-47.

小川一夫・北坂真一, 1995, 「資産市場における企業評価と設備投資」『日本の景気』本多佑三編, 有斐閣.

小川一夫・北坂真一, 1998, 『資産市場と景気変動－現代日本経済の実証分析－』日本経済新聞社.

置塩信雄, 1984, 「新投資・技術・稼働率の決定－投資決定についてのケインズの逆説－」『神戸大学経済学研究年報』, Vol.32, 1-25.

片山誠一, 1989, 「報酬率規制の経済効果――アバーチ・ジョンソン命題――」, 国民経済雑誌, 第159巻, 第1号, 89-108.

片山誠一・阿部文雄, 1991, 「規制の経済理論」『現代産業組織論』西田稔・片山誠一編, 第8章, 133-160.

金本良嗣, 1989, 「資産課税の経済分析」『日本経済研究』Vol.18, 94-111.

鴨池治, 1986, 「政策金融下における企業の投資行動」研究年報『経済学』Vol.48, No.2, 31-39.

鴨池治, 1987, 「政策金融と投資行動」『近代経済理論の展開』大槻幹郎・佐々木公明・鴨池治編, 27-43.

鴨池治, 1990, 「企業の低利による資金調達と投資行動の理論」ビジネスレビュー, Vol.37, No.3, 37-49.

河合宣孝，1984，「法人税と投資行動」『財政金融の基本問題』稲毛満春・査村吉男・竹内信二編，有斐閣．

小西秀樹，1990，「企業価値評価と税制」『日本の株価・地価』西村清彦・三輪芳朗編，東京大学出版会，87-107．

齋藤誠，1996，『新しいマクロ経済学』有斐閣．

佐藤光「投資理論における調整費用と長期期待の役割－特に投資財価格期待の影響について－」『経済研究』Vol.29，No.1，33-38．

竹中平蔵，1984『研究開発と設備投資の経済学－経済活力を支えるメカニズム－』東洋経済新報社．

田近栄治・油井雄二，1988，「資本コストと法人実効税率」経済研究，Vol.39，No.2，118-128．

中村保，2003，『設備投資行動の理論』東洋経済新報社．

永谷敬三，1982，『金融論』マグロウヒル好学社．

野間敏克，2000，「日本の企業金融」『金融分析の最先端』筒井義郎編，東洋経済新報社，167-195．

本間正明・跡田直澄・林文夫・秦邦昭，1984，『設備投資と企業税制』経済企画庁経済研究所研究シリーズ第41号．

吉川洋，1984『マクロ経済学研究』東京大学出版会．

若杉敬明，1988，『企業財務』東京大学出版会．

索 引

■事項索引

【A】
A-J 効果　142
Abel 条件　21, 31, 33, 46
all-debt financing　116
all-equity financing　116

【B】
bang-bang 制御　101

【C】
current value の補助変数　125

【M】
M-M 理論　52
myopic rule　2, 11, 14

【N】
net cash flow　57
net cash flow の割引現在価値総額　60

【T】
Tobin の限界的 q　40, 64, 71

【あ】
アバーチ・ジョンソン効果（A-J 効果）　122

【え】
エイベル・モデル　22

【お】
横断条件　5, 23, 64, 100

【か】
過少投資　125
過剰投資　125
株価　55, 66
株価最大化モデル　91, 114
株価最大化問題　97
株価成長率　66, 69
株式と債券の間の裁定条件　54, 95

株式の税引後収益率　56
株主の要求収益率　110, 115, 120
完全予見　119

【き】
企業価値　25, 52, 55, 58
企業価値最大化　60, 63, 91
企業価値最大化モデル　74, 114
企業価値最大化問題　22
企業金融の理論　52
企業税制　31
企業の予算制約　54, 93
規制区間　134
規制区間の上限　135, 136
規制経路　138, 140
規制制約　125
規制制約面　145
希薄化　119
規模の経済　122
キャピタルゲイン税率　56
境界条件　28
切換曲線　127

【け】
限界的企業価値関数（曲線）　20
減価償却控除のエイジ・プロファイル
　　　　　　　　　21, 37, 42
減価償却制度に基づく節税効果　42

【こ】
公正報酬率　124
公正報酬率規制　144
雇用決定　141

索 引 157

【さ】
裁定条件　66
最適雇用政策　130
最適財務政策　93, 104
最適資金調達　52
最適資本構成　61, 63
最適資本コスト　60, 78, 82
最適新株発行政策　54
最適制御理論　1
最適性の必要条件　23, 98, 100, 124
最適投資経路　52, 65
最適投資水準　29
最適投資率　1
最適配当政策　59, 60, 54
最適負債―自己資本比率　54, 61
最適負債政策　54, 92
財務政策　91

【し】
自己資本　95
自己資本の期待収益率　73
自己資本のコスト　73
自己資本の調達コスト　60
自然独占　144
資本コスト　52, 57, 58
資本収益率関数　125, 132
資本ストックのシャドープライス　24, 100
資本ストックの瞬間的調整　15
資本ストックの非連続性　1, 4, 6, 16
資本の user cost　1, 9
資本の限界収入生産物　136
収入関数　124
初期資本ストックの
　　　　　　限界的企業価値　20, 27, 77
初期資本ストックの
　　　　　　限界的企業価値関数　29
ジョルゲンソン・モデル　1

新株発行額の非負制約　99
新株発行政策　68
新株発行の非負制約　98
新規株式発行　66
新規負債　94
新古典派的生産関数　3
新古典派投資理論　1

【せ】
静学的 A-J モデル　144
税制で調整された負債利子率　96
税制によって調整された
　　　　　　Tobin の限界的 q　24, 32
税の中立性条件　33
税パラメータ　24
制約想定　142
制約等高線　132, 133, 141

【そ】
即時的減価償却控除　43

【ち】
長期均衡資本ストック　127
調整費用型投資モデル　20

【て】
定常点　105

【と】
動学的最適化問題　91
投資決定　141
投資決定基準　7
投資減税率　37
投資減税率の引き上げ　20
投資減税率の引き下げ　38
投資税額控除（投資減税）　31
投資に伴う調整費用　23, 54, 93, 124, 141
投資の異時点間シフト　21, 37, 49
投資のタイミング　9, 41, 49
投資費用　55
投資理論　52

【な】
内部留保　54, 68
【は】
ハーベルモの問題　4, 15
配当　54
配当所得税率　56
配当政策　59, 66
配当の pay-out ratio　72
配当の非負制約　97, 99
配当の割引現在価値最大化　91
ハミルトニアン　3, 23, 98
【ひ】
比較静学　62
比較動学分析　38, 41, 74, 75
非規制経路　138, 140
【ふ】
負債　54
負債—自己資本比率の上限制約　98, 99
負債政策　91
負債に対する下限制約　91
負債の agency cost　52, 54
負債の agency cost 関数　53, 66
負債の期待収益率　73
負債のコスト　73, 110
負債の実効利子率　61, 110
負債の実質コスト　115
負債の償還過程　107
負債の上限制約　95

負債の税引後収益率　56
負債の調達コスト　60
負債の非負制約　95, 98, 99
物理的減耗に比例的な減価償却控除　43
【へ】
平均資本コスト　73
【ほ】
報酬率規制　122, 141
法人税　54
法人税率　94
法人税率の引き下げ　20, 34, 74
法定減価償却率　55, 79, 86
補助変数　99
補助変数のジャンプ　142
【む】
無限期間不等号制約条件付
　　　　　　最適制御問題　98
【ら】
ラグランジュ関数　128
【り】
離散型ジョンゲルソン・モデル　6
利子所得税率　56
利潤曲面　145
【れ】
連続型ジョンゲルソン・モデル　2
【ろ】
労働の効率性条件　5

■人名索引
【A】
Atoda, N.（跡田直澄）　20, 31
Abe, F.（阿部文雄）　50, 71, 118, 142
Abel, A.B.　20, 21, 31, 36
Arrow, K.J.　1, 4, 11, 18, 19
Auerbach, A.J.　72, 73, 91, 120

Averch, H.　122
【B】
Becker, R.A.　123, 142
Bond, S.　91, 120
Brealey, R.A.　73
Brock, W.A.　52, 53, 72, 73

索 引

【C】
Chirinko, R.S. 91

【D】
Dechert, W. D. 122, 141

【E】
Ekman, E.V. 92
El-Hodiri, M. 122, 128, 141

【G】
Gould, J.P. 22

【H】
Haavelmo, T. 4
Hata, K.（秦邦昭） 20, 31
Hayashi, F.（林文夫） 20, 31, 71, 91, 119
Honma, M.（本間正明） 17, 20, 31

【I】
Itagaki, Y.（板垣有記輔） 20, 31, 34, 51

【J】
Jensen, M.C. 53
Johnson, L.L. 122
Jorgenson, D.W. 1, 18

【K】
Katayama, S.（片山誠一） 142
Kamoike, O.（鴻池治） 72, 119
King, M.A. 91
Kitasaka, S.（北坂真一） 121
Konishi, H.（小西秀樹） 121
Kort, P.M. 92, 119
Kurz, M. 4, 18

【L】
Loon, P.J.J.van 19, 92, 102, 119
Lucas, R.E. 22

【M】
Meckling, W. 53
Meghir, C. 91, 121
Milne, F. 17
Miller, M.H. 52

【N】
Modigliani, F. 52
Myers, S.C. 73

【N】
Nagatani, K.（永谷敬三） 50, 119
Nakamura, T.（中村保） 17
Nickell, S. 17

【O】
Ogawa, K.（小川一夫） 18, 121
Okishio, N.（置塩信雄） 19
Oniki, H.（鬼木甫） 20, 30
Osterberg, W.P. 52, 53, 72

【P】
Peterson, D.W. 122, 128
Poterba, J.M. 91, 120

【S】
Saito, M.（齋藤誠） 119
Summers, L.H. 91, 120
Schijndel, G.J.C.T. van 92
Spulber, D.F. 123, 142

【T】
Takayama, A. 122, 128, 141
Takenaka, H.（竹中平蔵） 17
Treadway, A.B. 22
Turnovsky, S.J. 52, 53, 72, 73

【V】
Vind, K. 5

【W】
Wakasugi, T.（若杉敬明） 72
Weide, J.H. vander 122, 128

【Y】
Yoshikawa, H.（吉川洋） 17, 51

■著者紹介

阿部文雄　　(あべ　ふみお)

1947年　福岡県に生まれる．
1970年　山口大学経済学部卒業
1973年　神戸大学大学院経済学研究科博士課程退学
1973年　香川大学経済学部助手
現　在　香川大学経済学部教授

主な論文　Optimal Investment Policy of the Regulated Firm (共著), *Journal of Economic Dynamics and Control*, 1989. Is the Monopolist the Friend of the Conservationist? Two Remarks on the Hoteling-Solow Paradox (共著), *Journal of Economic Behavior & Organization*, 1998他．

投資行動の理論

2003年7月30日　初版第1刷発行

■著　者──阿部文雄
■著　者──佐藤　守
■発行者──株式会社　大学教育出版
　　　　　　〒700-0953　岡山市西市855-4
　　　　　　電話 (086) 244-1268 (代)　FAX (086) 246-0294
■印刷所──互恵印刷㈱
■製本所──笠松製本所㈲
■装　丁──ティー・ボーンデザイン事務所

Ⓒ Fumio Abe 2003, Printed in Japan
検印省略　　落丁・乱丁本はお取り替えいたします．
無断で本書の一部または全部を複写・複製することは禁じられています．

ISBN4-88730-528-1